身になる練習法

バレーボール
技術を磨く筑波大メソッド

著 秋山 央 筑波大学男子バレーボール部監督

INTRODUCTION
はじめに

　私が指導者になりたいと最初に考えたのは、高校生のときでした。当時はとてもケガが多く、将来的に企業のチームでプレーできるとは思っていなかったため、高校生の指導者になりたいと思っていました。運よく大学、そして企業でもプレーすることができましたが、選手を引退して指導者になるときには、それまでの経験を一度全部否定して、指導者としての勉強を始めました。
　もちろん、経験は大事です。しかし、経験だけでは自分がやってきたことを越えることはできないので、自分がやってきたことをすべて否定することから始め、一から勉強したことが指導者としてのはじめの一歩でした。
　本書ではパスから始まり、ディグ、レセプション、スパイク、サーブ、ブロック、トスと、様々な練習メニューを紹介させてもらっていますが、これは一部に過ぎません。個人に必要なこと、チームとして必要なことを考えていくと、練習

法は無限に広がっていきます。

　実は紹介させてもらっているメニューの多くは、実際に私が指導する立場になってから、いろいろな先生に教わったものです。勉強会に参加させてもらったり、あるいは練習の場に足を運ばせてもらったりして、練習への取り組み方やメニューの組み方を学んできました。こうして私がいろいろと勉強させていただいた先生方は、みんな高校の部活を率いる先生たちでした。高校生は毎年選手が入れ替わることもあって、戦力が不ぞろいななかで、いかにしてチームをつくっていくかという工夫をこらしています。そうした先生方の話はとても面白く、それぞれの先生がつくるチームが好きで、ここで教わったことが私の指導やチームづくりのベースとなっています。

　バレーボールは日々変化し、進化しています。どんどん勉強していかないと恥ずかしながら知識が涸れてしまうため、私は今も勉強中ですし、指導をしている限りは学ぶことをやめることはできないと思います。指導者の方、選手の方にとって、本書で紹介している練習メニューや考え方が、何かのヒントになってくれればと思います。

秋山　央

CONTENTS
目次

2　はじめに

第1章　パス

- 10　Menu001　2人組オーバーロングパス
- 11　Menu002　2人組アンダーロングパス
- 12　Menu003　フロントゾーンパス（2人組）
- 14　Menu004　ワンバウンドボールパス
- 15　Menu005　2人組バックゾーンパス
- 16　Menu006　フロートパス
- 18　Menu007　3人組ボールコントロールパス

第2章　ディグ

- 20　Menu008　サイドステップ股通し
- 21　Menu009　サイドステップレシーブ面づくり
- 22　Menu010　左右反応
- 24　Menu011　前滑りレシーブ
- 25　Menu012　緩衝①
- 26　Menu013　緩衝②
- 27　Menu014　緩衝③
- 28　Menu015　緩衝④（左右）
- 29　Menu016　対人レシーブ
- 30　Menu017　3人レシーブ
- 32　Menu018　台上クイックレシーブ
- 33　Menu019　2人組台上レシーブ
- 34　Menu020　フロントゾーンレシーブ（WS、S）①
- 35　Menu021　フロントゾーンレシーブ（WS、S）②
- 36　Menu022　フロントゾーンレシーブ（MB）

第3章 レセプション

38	Menu023	落下点キャッチ
40	Menu024	右足軸レセプション
42	Menu025	横レセプション
43	Menu026	横後方レセプション
44	Menu027	横前方レセプション
45	Menu028	4.5メートルスパイクのレセプション
46	Menu029	ワンマンレセプション
47	Menu030	２人組レセプション（縦・横）
48	Menu031	台上レセプション（反復）

第4章 スパイク

50	Menu032	ストレートスパイク
54	Menu033	ノーステップスパイク
55	Menu034	ツーステップスパイク
56	Menu035	逆ゾーンスパイク
58	Menu036	スイングスパイク
62	Menu037	スパイク＋ネットボール
64	Menu038	スパイク＋ダイレクト
65	Menu039	リバウンドスパイク
66	Menu040	３枚ブロックからの切り返し（WS）
68	Menu041	サイドブロックからの切り返し（MB）
70	Menu042	ハイセットスパイク
72		スパイクの矯正

第5章 サーブ

74		フォームを確認しよう
76	Menu043	ロングミート
77	Menu044	ブラインドサーブ
78	Menu045	ジャンプサーブトスボール的当て
80	Menu046	3→6→9メートルサーブ
81	Menu047	ライン助走ジャンプサーブ
82	Menu048	片ヒザメディシンボール投げ
84	Menu049	ゾーン連続サーブ打ち
85	Menu050	スピードクリア連続サーブ

| 86 | Menu051 | ゾーンサーブ　連続イン＋レシーバー |
| 88 | Menu052 | メディシンボール当て出し |

第6章　ブロック

90		ブロックの注意点
91	Menu053	その場連続跳び
92	Menu054	1枚空跳び
93	Menu055	メディシンボール空跳び
94	Menu056	2枚ブロック空跳び
96	Menu057	3枚ブロック空跳び
98	Menu058	ブロック当て
99		Q&A　その一
100	Menu059	ライブブロック
102	Menu060	立ち位置アジャスト
104	Menu061	Aライト、Bレフト（Aレフト、Bライト）
106		Q&A　その二

第7章　トス

108	Menu062	セルフトス
110	Menu063	ネットトス
112	Menu064	連続トス（ファーサイド・ニアサイド）
113	Menu065	直上連続トス
114	Menu066	ネット際直上トス往復
116	Menu067	連続サイドトス
118	Menu068	Bクイック＋サイド
120	Menu069	ペネトレートトス
122	Menu070	ステップトス（反復）
125	Menu071	直前コールトス
126	Menu072	ミドルブロッカーに対応したトス
128		トスのポイントまとめ

第8章　複合練習

| 130 | Menu073 | 1対4のコンビ |
| 132 | Menu074 | 2対5のコンビ |

134	Menu075	3対6のコンビ
135	Menu076	レセプションアタック連続成功
136	Menu077	攻守切り替え
138	Menu078	ブロックBOX
140	Menu079	1対6クリア
140	Menu080	アイアンマンゲーム
140	Menu081	ウォシュゲーム

第9章 スキルアップ練習

142	Menu082	2人組移動パス
144	Menu083	3人組移動パス
146	Menu084	クリスクロス
147	Menu085	3人組ボール2個移動パス
148	Menu086	バウンドスタート2対2（3m×9m）
150	Menu087	ドライブスタート2対2（3m×9m）フロントゾーン
152	Menu088	バウンドスタート3対3（6m×9m）
153	Menu089	ドライブスタート3対3（9m×4.5m）
154	Menu090	ワンコンタクト（ボール2個）
156	Menu091	バガーゲーム
160	Q&A	その三

第10章 チームづくりと年間計画

162	チームづくり①目標を明確にする
164	チームづくり②4つの山をつくる
167	チームづくり③時期ごとの練習
168	チームづくり④試合期の練習
169	チームづくり⑤最高の状態で目標の大会に臨む
170	Q＆A　その四

172	おわりに

本書の使い方

本書では、写真や図、アイコンなどを用いて、一つひとつのメニューを具体的に、よりわかりやすく説明しています。写真や"やり方"を見るだけでもすぐに練習を始められますが、この練習はなぜ必要なのか？ どこに注意すればいいのかを理解して取り組むことで、より効果的なトレーニングにすることができます。普段の練習に取り入れて、上達に役立ててみてください。

▶ 得られる効果が一目瞭然
練習の難易度やかける時間、あるいはそこから得られる能力が一目でわかります。自分に適したメニューを見つけて練習に取り組んでみましょう。

▶ なぜこの練習が必要か？
この練習がなぜ必要なのか？ 実戦にどう生きてくるのかを解説。また練習を行う際の注意点を示しています。

そのほかのアイコンの見方

 その練習をするとき、気をつけたい注意点です

 より高いレベルの能力を身につけるためのポイントや練習法です

 掲載した練習法の形を変えたやり方の紹介です

 掲載した練習法をより効果的に行うためのアドバイスです

第 1 章

パス

オーバー、アンダーのパスでは、
正確性と遠くに飛ばすことも大事。
試合で使えるパスを身につける練習をしていこう。

パスの練習

ロングパス力をつける
ねらい

Menu 001　2人組オーバーロングパス

難易度 ★★☆☆☆
回　数　10往復×2〜3セット

習得できる技能
▶ フォーム
▶ ボールコントロール
▶ 状況判断
▶ コンビネーション
▶ フォーメーション

やり方
2人一組となってネットを挟んで向かい合う。9メートル離れた相手にオーバーロングパスを10往復行う

? なぜ必要？

より正確にボールに力を伝えられるようにする

ネットを挟んで相手側に大きな弧を描いてパスをするためにはボールを飛ばす力が必要となる。そのためにはより丁寧により正確にボールに力を伝える感覚を覚えることが大事。下半身と股間節の屈曲と伸展を使って飛ばすということを強調した練習となる。

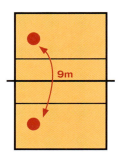
9m

Level UP!
メディシンボール投げ

高いところから落下してくるボールは重いので、3〜5キロの重さのメディシンボールを使って重さに慣れる。回数をこなすことよりもフォームが大事なので、できる限り通常のボールを使ったオーバーロングパスと同じフォームでやることを意識すること。

パスの練習

アンダーのコントロール力をつける

難易度	★★☆☆☆
回数	右サイド・左サイド10往復

習得できる技能
▶ フォーム
▶ ボールコントロール
▶ 状況判断
▶ コンビネーション
▶ フォーメーション

Menu 002 2人組アンダーロングパス

やり方

2人一組となってネットを挟んで向かい合う。9メートル離れた相手にアンダーロングパスを行う。必ず、右サイド、左サイドそれぞれ10往復行うこと

? なぜ必要？

長距離でもアンダーで正確にパスができるようにする

試合ではファーストボールをはじいたとき、アンダーでギリギリ拾って二段トスという場面もある。アンダーでハイボールを上げるときのコントロール力、どれくらいの力で飛ばせばどのくらいにいくのかということを知り、アンダーパスのコントロール力をつけ、下半身の使い方を覚えることがねらいとなる。

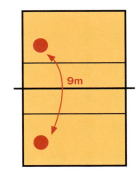

! ポイント 肩関節をボールの方向づけに使う

オーバーパスと違いアンダーパスの場合は、体の構造上、正面を向いてパスをするのは難しい。そのため、肩関節をボールの方向づけに使い、ねらう方向に少しクロスするような感じで体を斜めに使いながら押し上げる。体の左右どちらに来たボールもしっかりコントロールできるように、両サイドともに練習しておく。肩関節の動きは大事だが、オーバーパス同様に下半身を使うことも大事なので、しっかり下半身を使ってボールを送ることも意識する。

パスの練習

ヒザのケガの予防と フロントゾーンのボールコントロール

Menu 003　フロントゾーンパス（2人組）

難易度　★☆☆☆☆
回数　左右10本×2～3セット

習得できる技能
▶ フォーム
▶ ボールコントロール
▶ 状況判断
▶ コンビネーション
▶ フォーメーション

やり方

パートナーⒶが軽くボールを上げ、練習者Ⓑはアタックラインの外からフロントゾーン内に入り、ボールを拾ってパートナーにパスをする。筋力がないうちは移動距離が長いと姿勢が崩れるため、アタックライン内からのスタートでもOK。逆に上級者はアタックラインの後ろ4.5メートル辺りからやるとより練習の効果が上がる

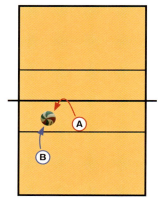

？ なぜ必要？

ケガをしないための トレーニングにもなる

ねらいは大きく分けて2つある。一つはボールの下にしっかり入ってフロントゾーンのボールをコントロールできるようにすること。ここでミスをすると相手にダイレクトで打たれてしまうため、試合でミスをしないように普段から練習しておく。
もう一つはケガの予防。体の大きい中学生や高校生でまだ筋力のない選手が、自分の体を扱えない段階でレシーブ練習をバンバン行うと、ヒザを痛めてしまうことが多い。そのため、この練習には自分の体重を片足で支持できる筋力をつけるトレーニング的な要素もある。

前足に完全に体重を乗せる　　　前足に体重が乗らない

▲後ろ足を前足に引きつけて足の甲は床につける。ボールの下に完全に入り込むようにして片足で立ち上がる。こうすることによって筋力をつけるトレーニングにもなる。ヒザの向きとつま先の向きが同じになるように

▲後ろ足を十分に引きつけておらず、つま先立ちになっている。つま先とヒザの方向が一致しているようにしないと、屈曲伸展しているときに、筋力がない選手はヒザが内側に入りながら立ち上がるため、ケガをしやすくなる

13

パスの練習

落下点に入る感覚を身につける

難易度 ★☆☆☆☆
回数 10本×1～2セット

習得できる技能
▶ フォーム
▶ ボールコントロール
▶ 状況判断
▶ コンビネーション
▶ フォーメーション

Menu 004 ワンバウンドボールパス

やり方

パートナーⒶが練習者にⒷワンバウンドのボールを出す。Ⓑはボールを「送る」イメージでⒶにパスをする

？ なぜ必要？

ボールを送り出す基本を身につける

ジャンプサーブやスパイクなどは基本的にはボールに勢いがあるので、その勢いを緩衝する、弱めることが必要になる。一方で、ボールに勢いがないときは軌道を見極めて落下点にしっかり入って、下半身を中心にボールを送り出すことが必要になる。ワンバウンドのゆるいボールでこの「送る」動作を身につける。

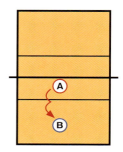

14

パスの練習

バックするときのステップを覚える
ねらい

Menu 005　2人組バックゾーンパス

難易度	★★☆☆☆
回数	右後方・左後方10本ずつ

習得できる技能
- ▶ フォーム
- ▶ ボールコントロール
- ▶ 状況判断
- ▶ コンビネーション
- ▶ フォーメーション

やり方

ネット際に一人が立ち、4.5～6メートルくらいのレシーバー（練習者）の後方にボールを出す。レシーバーはネット際にパスを返す。体のどちら側にボールが来てもできるように、右後方、左後方10本ずつ行う。パスがネットを越えてしまったら5本追加というようなペナルティを入れてもいい

なぜ必要？

下がりながらボールにしっかり入り、パスをコントロールする

下がるという動作のときに足がペダルバックにならないように気をつける。下がりながら移動した空間を自分で認識し、ボールにしっかり入ってパスをコントロールできるようにする。

Arrange

アンダーでも行う

試合の中ではオーバーのほうが当然コントロール力はあるが、パワーがない。逆にアンダーはコントロールはズレる可能性があるが、パワーはある。オーバーで正確性を求めるか、アンダーで距離を出すかの判断は試合で必要になる。アンダーのほうがボールに入る正確性は低くていいので、試合で使う場面を想定して練習しておく。

パスの練習

ボールの重さに負けない位置に下半身を入り込ませる
（ねらい）

Menu 006 フロートパス

難易度 ★☆☆☆☆
回数 正面10本、左右計10本

習得できる技能
▶ フォーム
▶ ボールコントロール
▶ 状況判断
▶ コンビネーション
▶ フォーメーション

やり方
1. パートナーⒶが練習者Ⓑにフロートボールを打つ
2. Ⓑはオーバーパスの形でボールをキャッチして静止する
3. ワンバウンドでⒶに返るくらい高く上げる

❓なぜ必要？

サーブをできる限りオーバーでとるため

レセプションの前段階の練習となる。現在は強いサーブが多く、アンダーでとることも多いが、できる限りオーバーでとれるようにこの練習が必要となる。パートナーが正面から打ってきても、ボールの重さに負けない、力の入る位置に下半身が入り込む感覚を身につける。

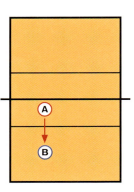

正面に入る

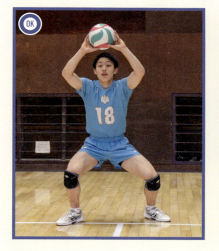

横で捕らえている

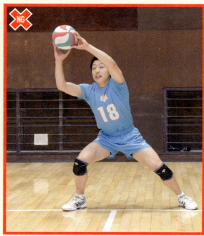

腰を入れる

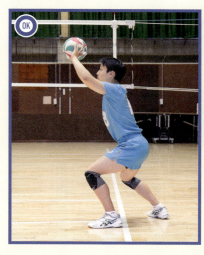

腰が引けている

ワンポイントアドバイス

>> 腰を引かずにボールの正面に入る

強いボールに負けないためには、とにかくボールの正面に入ることが大事。腰を引かずにボールの正面に入ることを覚えよう。ボールを怖がって手だけでとりにいってしまうと、しっかりとることはできない。

パスの練習

角度をつけての返球を身につける

Menu 007　3人組ボールコントロールパス

難易度 ★★☆☆☆
回数　右角度、左角度ともに行う

習得できる技能
▶ フォーム
▶ ボールコントロール
▶ 状況判断
▶ コンビネーション
▶ フォーメーション

やり方

3人一組となって、Ⓐがトスしたボールを ⒷがⒸに向かって打つ。Ⓒはそのボールをコントロールして Ⓐに返す。ボールを上げる位置を Ⓑの右から、左からと変えることで、Ⓑの打つ練習にもなる

❓ なぜ必要？

バレーボールは基本的に角度をつけて返球するから

2人組で行う場合はボールを返す角度は0度になるが、バレーボールは基本的に角度をつけて返球するので、2人組でできるようになったら3人組でやってみよう。3人組になってターゲットを増やすことで、角度をつけた返球が必要になるため、コントロールつける練習をすることができる。

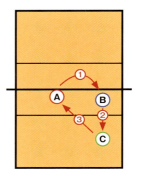

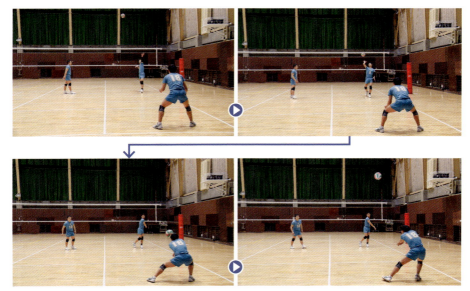

18

第2章
ディグ

相手のアタックに対するディグは攻撃の第一歩となる。
反応のつくり方、強烈なスパイクへの対応を
練習のなかで覚えていこう。

ディグの練習

外足から移動する
ステップを覚える

ねらい

Menu 008 サイドステップ股通し

難易度 ★☆☆☆☆
回数 5往復×2〜3セット

習得できる技能
- フォーム
- ボールコントロール
- 状況判断
- コンビネーション
- フォーメーション

やり方

1. パートナーⒶはコーンの横にボールを転がす
2. 練習者Ⓑはサイドステップで移動して股の間にボールを通過させる

❓ なぜ必要？

体の真正面をボールのラインに入れる

相手のコートからくるボールを正面でとるために横移動が必要になる。移動するときは移動する方向の足、つまり外側の足から動かすステップを覚える。サーブもブロックもレシーブも、土台を移動させることが基本となる。この練習で体の正面をボールのラインに入れるという感覚を養おう。

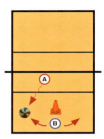

⚠️ ポイント

いい姿勢で動く

この練習はただボールを股の間に通すだけでなく、移動するときの姿勢を意識することが大事。疲れてくると猫背になりやすくなるが、安定したいい姿勢で動くことを徹底しよう。

安定した姿勢

猫背になる

ディグの練習

ねらい：サイドステップしたときに目線がブレないようにする

Menu 009 サイドステップ レシーブ面づくり

難易度 ★☆☆☆☆
回数 5往復×2〜3セット

習得できる技能
- フォーム
- ボールコントロール

やり方

コーンを一つ用意する。パートナーⒶはコーンの幅1〜2ステップのところで練習者Ⓑに向かってボールを打つ。Ⓑはコーンの後ろを左右に移動しながら、これを繰り返す

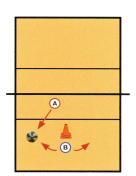

？ なぜ必要？

移動しても腰と目線が上下動しないようにする

サイドステップして面をしっかりつくって打ち返すという練習。サイドステップしてレシーブすると、腰が浮いてしまうことが多い。視線が上下動すると見ているものがゆがむため、レシーブのミスにつながりやすくなる。そうしたミスをなくすために移動するときに腰と目線が上下動しないとように意識して、面をつくることを繰り返す。

ディグの練習

ボールの正面に入る感覚を大事にする

ねらい

Menu 010　左右反応

難易度 ★★☆☆☆
回数　10本×2～3セット

習得できる技能
▶ フォーム
▶ ボールコントロール
▶ 状況判断
▶ コンビネーション
▶ フォーメーション

やり方

パートナーⒶは練習者Ⓑの側方にボールを打つ。Ⓑは骨盤及び肩を回転させずにディグをする

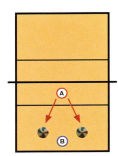

？ なぜ必要？

肩のラインは回さないことを徹底する

スタンスの中に来たボールは重心の横移動だけで正面でとり、スタンスの外に来たボールでも、外足を半歩でも開くようにして可能な限りに正面でとる。もっと外の場合は片手でとるようにして、絶対に肩のラインを回さないということを徹底させる。

⚠ ポイント
スタンスの中に来たボールは重心移動でとる

構えたときのスタンスには幅がある。左右の足の横幅の範囲内にボールが来た場合には、足をステップして外に踏み出さずに、体の重心移動で正面に入ってとるようにする。強いボールの勢いに負けないためにも、正面でとるということを大前提とし、ボールの正面に入ることが大事。

重心移動でとる

ここに注意！
肩のラインが回るとボールが逃げる

外に来たボールをとるとき、肩のラインを回してしまうと、ボールが逃げやすくなってしまうので注意。また、足もスタンスよりも外に出すときに45度くらいまでは問題ないが、あまり横に出しすぎると骨盤が回ってしまい、ボールが逃げやすくなるのでこちらも注意が必要だ。

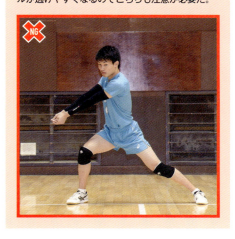

ディグの練習

守備範囲を広げる
ねらい

Menu 011 前滑りレシーブ

難易度 ★★★★★
回数 5本×2〜3セット

習得できる技能
▶ フォーム
▶ ボールコントロール
▶ 状況判断
▶ コンビネーション
▶ フォーメーション

やり方

パートナー Ⓐ は練習者 Ⓑ の1.5メートル手前にボールを打つ。Ⓑ は両足を床につけたまま前へ滑りこんで両手でディグする。Ⓐ が打ってコントロールするのが難しい場合は投げてもいい

？ なぜ必要？

床の怖さを払拭して守備範囲が広くなる

この練習をやっておくと、前への反応ができるようになり、守備範囲が広くなる。床を怖がる選手の場合は、最初はヒザを床につけて床に近いところから前滑りするようにすると、前滑りする怖さも払拭できるようになる。

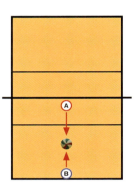

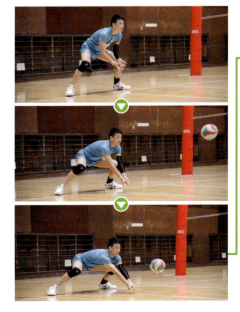
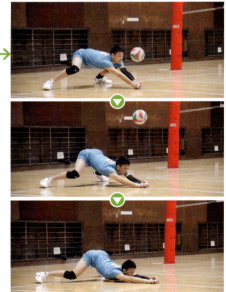

ディグの練習

肩関節を使って
ボールの勢いを吸収する

ねらい

Menu 012 緩衝①

難易度 ★☆☆☆☆
回　数　10本×2～3セット

習得できる技能　▶ ボールコントロール

やり方

パートナーⒶは練習者Ⓑの正面にボールを打つ。Ⓑは肩関節によってボールの勢いを緩め、1～2メートル前にボールを落とす。このとき、高く上げないように注意する

？ なぜ必要？

セッターにいいボールを返すため

スパイクはボールのエネルギーが強いため、ボールの勢いをうまくゆるめないとディグはできない。この練習は上体の角度と下半身の動きをあまり変えずに肩関節だけでボールの勢いを吸収するようにする。ボールの勢いを一回止めて、それを運ぶことでセッターにいいボールを返せるようになる。

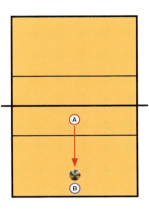

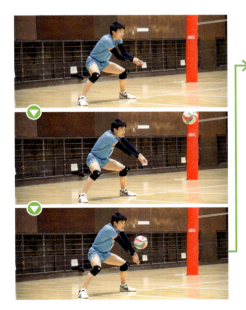

25

ディグの練習

強いスパイクを吸収するレシーブ
ねらい

難易度 ★★☆☆☆
回数 10本×2～3セット

習得できる技能
▶ フォーム
▶ ボールコントロール
▶ 状況判断
▶ コンビネーション
▶ フォーメーション

Menu **013** 緩衝②

やり方

パートナーⒶは練習者Ⓑにボールを打つ。Ⓑは上体の後傾とヒザ入れによってボールの勢いを弱める。構えた位置の前方3×3メートル以内にボールが落ちるようにする

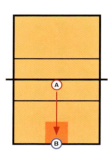

? なぜ必要?

自陣のコートにボールを上げるため

スパイクをレシーブするとき、レシーブ面をつくるのが基本。しかし、スパイクのボールが強いと、相手コートに跳ね返ってチャンスボールを与えてしまうことがある。それを防ぐために、自陣のコートにボールを上げるレシーブを身につける練習をする。

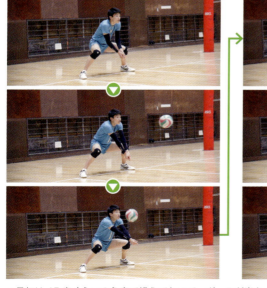

▲最初は45度くらいの角度で構えておいて、ボールが当たった瞬間にヒザを入れて上体を垂直まで戻すことで、ボールの勢いを弱める

ディグの練習

強いスパイクも相手コートに返さずディグする

難易度 ★★☆☆☆
回数 10本×2〜3セット

習得できる技能
▶ フォーム
▶ ボールコントロール

Menu **014** 緩衝③

やり方

パートナー④は練習者⑤にボールを打つ。⑥は後方への寝転がりによってボールの勢いを弱める。構えた位置の3×3メートル以内にボールを上げる

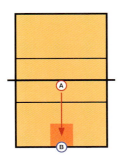

なぜ必要？

強いスパイクの勢いを吸収する

試合では完全に転がりながらでないと、勢いを吸収できないような強いスパイクが飛んでくることもあります。それくらい強いスパイクは自分の体を使って下がりながら勢いを吸収する必要がある。至近距離から打ってもらって強いスパイクの勢いを吸収する方法をこの練習で身につける。

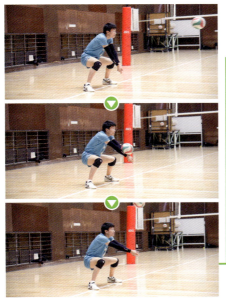
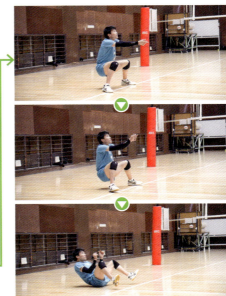

▲後ろに倒れ込みながらスパイクの勢いを吸収する

ディグの練習

守備範囲を広くする
ねらい

Menu 015 緩衝④（左右）

難易度 ★★★☆☆
回数 10本×2〜3セット

習得できる技能
▶ フォーム
▶ ボールコントロール
▶ サーブ制限
▶ コンビネーション
▶ フォーメーション

やり方

緩衝③の発展形。パートナーⒶが練習者Ⓑに向かってスパイクを打つ。Ⓐは正面ではなく左右に打ち、Ⓑはそれを左右に動いて倒れ込みながらボールの勢いを緩めて上げる

❓ なぜ必要？

左右の守備範囲を広くするため

スパイクが飛んでくるの正面だけではないので、横移動しながら緩衝③の練習をして守備範囲を広げる。

❌ ここに注意！

段階を踏んで行う

この練習は片足に自分の体重を預けることになるため、まだ筋力の弱い中学生などはいきなりやるとケガにつながる恐れがある。どんな練習でも同じだが、段階を踏んでレベルに合わせて行うようにしよう。

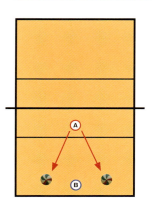

ディグの練習

目的意識を持って
レシーブ力を強化する

難易度 ★★☆☆☆
回数 3分×1セット

習得できる技能
▶ フォーム
▶ ボールコントロール

Menu 016 対人レシーブ

やり方

パートナーⒶが連続してボールを打ち、練習者Ⓑがレシーブする。①左右（横重心移動）②上下（手の位置）③強軟（重心の位置）④直上上げ（緩衝・ボールコントロール）

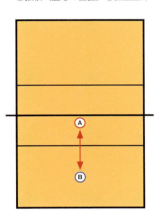

❓ なぜ必要？

正しい反応をつくる

対人レシーブはウォーミングアップとして汗をかくことが目的ならば、何も考えずに連続でレシーブすればいい。ただし、目的を持たずに連続レシーブをすると、逆に下手になる危険がある。そこで大事なのは目的を明確にすること。まずは左右の反応をつくりたいなら、左を打つと予告して左の正しい反応を連続でつくり、次の段階として左右どちらにくるかわからない状態で連続性のある反応をつくる。このように目的を決めて連続して行うことで、正しい反応をつくっていく。

Level UP!

反応の弱いところを強化

チームとして、個人として、反応の弱い部分を強化する。たとえば「対人左右」ならば、左右の反応をつくるために左右しか打たない。「対人前後」ならば、前の弱いボールと後ろの強いボールを打つことで前後の反応をつくる。「対人上下」の場合は滑り込みと強打レシーブ。このように目的を明確にしながら対人レシーブをすることで、反応の弱いところを強化できる。

ディグの練習

守備時の動きをつくっていく

ねらい

Menu 017 3人レシーブ

難易度	★★☆☆☆
回数	5～10分×2～3セット

習得できる技能
- ▶ フォーム
- ▶ ボールコントロール
- ▶ 状況判断
- ▶ コンビネーション
- ▶ フォーメーション

やり方

パートナーⒶはⒷまたはⒸにトスを上げる。トスが上がったら練習者のレシーバーに打つ。レシーブしてトスまで上げたら、またⒶからスタート。これを繰り返す

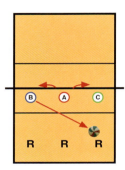

？ なぜ必要？

ボールの方向に体を正対させる

レシーバーが3人いるので誰のところにボールがくるかはわからない。ボールがきてレシーブする選手はレシーブの練習となるが、大事なのは他の2人の反応。ボールがこないとわかった時点で、今度はセッター役になる可能性が高いため、レシーバーに顔を向けるだけでなく、体をしっかり正対させて、すぐに次の動きができるように準備することを体に染み込ませていく。

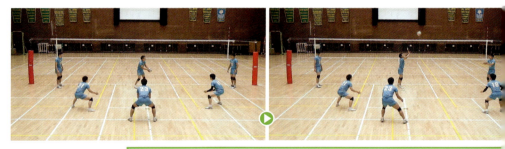

⚠️ ポイント　不測の事態にも対応できるように

写真のように真ん中の選手にボールが打たれたとき、他の2人はもうボールがこないと判断できるため、必ずレシーブする中央の選手に体を正対させる。たとえばレシーブボールが1メートルしか上がらなかったとしても、体を正対させて動ける構えをつくっておけば、ボールを落とさずに対応ができるし、トスを上げることもできるかもしれない。不測の事態、思いもよらない状況にも反応できるように普段から練習しておくことが大事だ。

ディグの練習

スパイクへの反応を高める

ねらい

Menu 018　台上クイックレシーブ

難易度　★★☆☆☆
回数　3本成功×2〜3セット

習得できる技能
▶ フォーム
▶ ボールコントロール
▶ 状況判断
▶ コンビネーション
▶ フォーメーション

やり方

パートナーⒶとⒷは練習者Ⓒに向かって交互にボールを打つ。
Ⓒはクイックに対する構えをし、3本上げたら交代

❓ なぜ必要？

ボールの速さに目と体を慣らす

クイックレシーブは距離が近いぶん、反応する時間がなくて難しい。ボールの速さに目と体が慣れていないとなかなか反応できないもの。そこで、台上から速いボールを打ってもらって、反射の練習をする。至近距離からバンバン打つと目が慣れてボールを上げられるようになる。試合の前にやるのはとくに有効。

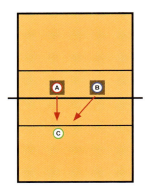

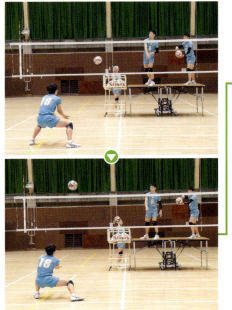

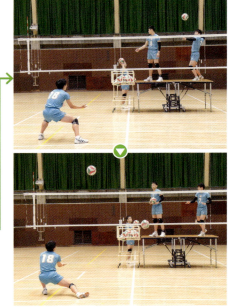

ディグの練習

2人でボールを
トスまで上げる連携をする

Menu 019 **2人組台上レシーブ**

難易度 ★★★★★
回数 5本成功×2〜3セット

習得できる技能
▶ フォーム
▶ ボールコントロール
▶ 状況判断

やり方

パートナーⒶがレシーバーの練習者ⒷまたⒸのどちらかに打つ。レシーブしない選手はレシーブする選手のほうをしっかりと向き、トスを上げるまで成功したら一本とカウント。5本成功したらクリア。

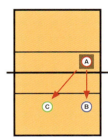

❓ なぜ必要？

仲間のためにプレーする

どちらに打つかは決めずに2人でトスまで上げることを目指して行う。レシーバーはパートナーがトスを上げやすいように身を呈してボールをコントロールする。トスを上げる人は、パートナーが懸命に上げたボールを責任を持ってトスにする。2人がお互いを助け合いながら、協力してクリアを目指す。

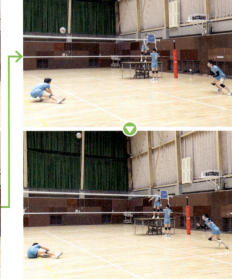

ディグの練習

ブロックからのレシーブ対応

ねらい

Menu 020 フロントゾーンレシーブ（WS、S）①

難易度 ★★☆☆☆
回数 5本×2～3セット

習得できる技能
▶ フォーム
▶ ボールコントロール
▶ ポジション
▶ コンビネーション
▶ フォーメーション

やり方

練習者Ⓑはブロック空ジャンプをした後、パートナーⒶから打たれるボールをレシーブする。強軟織り交ぜて行うようにする

なぜ必要？

フロントゾーンのボールへの対応

チームの約束事によってはフロントゾーンのボールをオフブロッカーではなく、バックレフトやバックライトがとるチームもあるが、基本的にフロントゾーンのボールは落ちやすいので、それを限定して練習を行う。

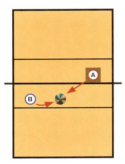

ポイント

中側にボールを上げる

フロントゾーンのボールはどうしてもネットを越える可能性があるため、ウイングスパイカー（WS）とセッター（S）はレシーブするときはネット側に返球するのではなく、少し中側に上げるようにする。

ディグの練習

ねらい 約束事の徹底

Menu 021 フロントゾーンレシーブ（WS、S）②

難易度 ★★☆☆☆
回数 5本×2〜3セット

習得できる技能
▶ ボールコントロール
▶ フォーメーション

やり方

練習者はⒷブロック空ジャンプの後、ミドルブロッカーの後ろあたりに落とされるボールをレシーブする

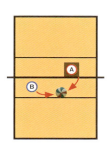

❓ なぜ必要?

フロントゾーンのゆるいボールを落とさない

ウイングスパイカー（WS）とセッター（S）は、ミドルブロッカーの後ろに乗せられるボールを拾うことが大事なので、練習で意識づけを徹底する。これができていないと、試合でフロント中央ゾーンのゆるいボールが落ちてしまう。

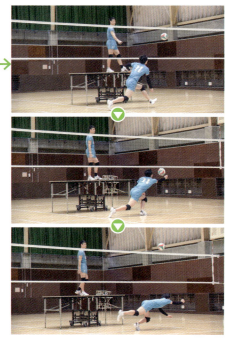

35

ディグの練習

難易度 ★★☆☆☆
回数 5本×2〜3セット

フロントゾーンの軟打をしっかりとる

習得できる技能
▶ フォーム
▶ ボールコントロール
▶ 状況判断
▶ コンビネーション
▶ フォーメーション

Menu 022　フロントゾーンレシーブ（MB）

やり方

練習者©はブロック空ジャンプの後、ゾーン②または④に落とされるフェイントボールをレシーブする

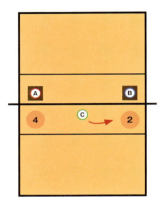

？ なぜ必要？

習慣づくり、約束の徹底

MB（ミドルブロッカー）は、ブロックにつけない場合、フロントゾーンに落ちる軟打をとる役割であることが多い。そのボールを拾うことを練習でやっておかないと、試合で落としてまうので、習慣づくり、約束事の徹底として練習に取り入れておく。

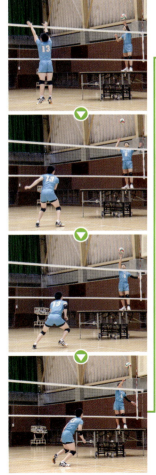

36

第3章
レセプション

レセプションをしっかりと
セッターに返すことは基本中の基本。
相手は守備を崩すために様々な種類のサーブを打ってくるが、
しっかり対応できるようにしよう。

レセプションの練習

ねらい ボールに体を寄せていく

Menu 023 落下点キャッチ

難易度 ★☆☆☆☆
回数 10本×2～3セット

▶フォーム

習得できる技能

やり方
練習者Ⓐはパートナー Ⓑ から打たれるサーブに対して、ボールの落下点を見定めて移動して両手で抱え込んでキャッチする

❓ なぜ必要？

腰が浮かない
レセプションの形をつくる

レセプションはまずは面をコントロールすることよりも体を寄せていくことが大事。できる限りおへその位置でボールをとらえられるところまで体を寄せていく。ボールにしっかり体を寄せて腰が浮かないレセプションの形をつくる。

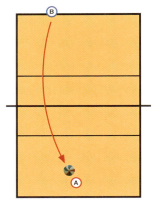

⚠ ポイント
おへその前でキャッチ

ボールの正面にしっかりと入り込むことが大事なので、落下点へ素早く移動してボールはおへその前あたりでキャッチするようにする。そのとき、腰が浮かないレセプションの形になっているように意識すること。

Arrange
落下点股抜き

ねらいは落下点キャッチと同じく、ボールにしっかり体を寄せていくこと。パートナーから打たれたサーブの落下点を見極めて横移動し、キャッチするのではなく、バウンドしたボールが股の間を通過させるようにする。正面に入れていないと足にボールが当たってしまう。しっかりとレシーブの姿勢をとることを忘れないように。

レセプションの練習

セッターにしっかりボールを返す

ねらい

Menu 024 右足軸レセプション

難易度 ★☆☆☆☆
回数 10本×2〜3セット

習得できる技能
▶ フォーム
▶ ボールコントロール

やり方

パートナーⒷは左2／3コートにゆるいサーブを打つ。練習者Ⓐは右足を軸にしてセッターに返すようにレセプションをする

❓ なぜ必要？

セッターにボールを返す体の使い方を覚える

セッターはオフェンス側から見て右サイドラインから3メートルくらいの位置にいる。つまり、サーブレシーバーから見て右側にセッターがいることが多い。ボールにエネルギーがないゆるいサーブの場合、セッター側の足（右足）を軸にして、ボールを運ぶ動作が必要となる。真ん中、あるいは左側に打たれたゆるいサーブは右足を軸にセッターに返すため、体の使い方を覚えるための練習をする。

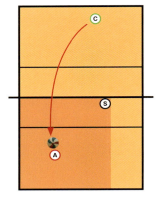

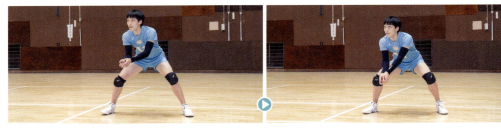

Arrange
左足軸レセプション

右１／３コートにゆるいサーブを打ってもらい、左足を軸にしてパスをする。多くの場合、セッターは右にいるが、左にいる場合でもしっかり軸足を意識るために、左足軸のレセプションも練習しておくのがいい。左２／３コートにサーブレシーバーがいるときでも、左前方に来たボールには左足軸でボールを返球しなければならない。コートのどのエリアにいるかだけでなく、ボールとの位置関係で左足軸、右足軸ともに実際の試合では必要になる。

レセプションの練習

あえてイレギュラーな状況でレシーブする

ねらい

Menu **025** 横レセプション

難易度 ★★☆☆☆
回　数　左右5本×2〜3セット

習得できる技能
▶ フォーム
▶ ボールコントロール

やり方

パートナーⒷは練習者Ⓐの体の50センチくらい横にゆるいサーブを打つ。Ⓐはボールの正面には移動せず、体の横に腕を出したパスをする。左右両方ともやること

❓ なぜ必要?

イレギュラーの状況にも対応する

試合ではサーブを横でとるという状況はとても多い。そのため、わざと正面には入らずにイレギュラーな状況でレセプションをする。基本を覚えることは大前提だが、試合でイレギュラーな状況になったときにも対応できるように練習しておく。

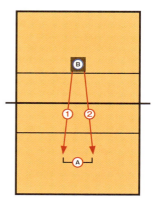

42

レセプションの練習

あえてイレギュラーな状況でレシーブする

Menu 026 横後方レセプション

難易度 ★★
回数 左右5本×2〜3セット

習得できる技能
▶ フォーム
▶ ボールコントロール

やり方

パートナー⑧は練習者Ⓐの横後ろ50センチくらいのところにゆるいサーブを打つ。Ⓐは移動せずに横後方に腕を伸ばしてパスをする。左右両方やること

？ なぜ必要？

難しいボールにも対処できるようにする

Menu025の横レセプションと同じく、あえてイレギュラーな状況をつくり出し、横後方でレセプションをする。そうすることで試合で難しいボールにも対処できるようになっていく。

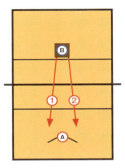

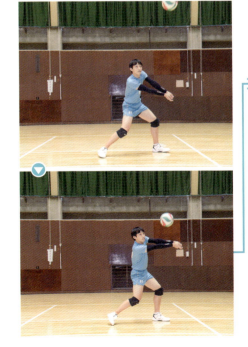

レセプションの練習

状況によって軸足を変える
ねらい

Menu 027 横前方レセプション

難易度 ★★☆☆☆
回数 左右5本×2〜3セット

習得できる技能
▶ フォーム
▶ ボールコントロール

やり方

パートナー⑧は練習者Ⓐの前方横50センチくらいのところにゆるいサーブを打つ。Ⓐは自分の体のどちら側にボールがきたかによって軸足を変えながらパスをする

？ なぜ必要？

軸足を変えてボールを送る感覚を身につける

セッターが右にいる場合でも自分の前方にきたゆるいボールのときは、軸足が変わることを覚える。右前方に来た場合は右足を軸にしてボールを送るが、左前方にきた場合には左足を入れて、そちらを軸にしてパスをするようにする

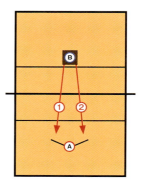

レセプションの練習

サーブの軌道を見て強いボールをレシーブする

ねらい

Menu 028 4.5メートルスパイクのレセプション

難易度 ★★☆☆☆
回数 10本

習得できる技能
▶ フォーム
▶ ボールコントロール

やり方

Bコートの4.5メートル付近から打つボールをレセプションする

? なぜ必要?

軌道を見極めながら強いボールを受ける

コートの半分の位置からジャンプサーブを打ってもらって、それをレシーブするという練習。パートナーの打力があまり強くない場合でも、コートの半分からなら強いボールが打てる。マシーンを使うこともできるが、ボールの軌道や回転を見ることも大事なので、実際に人が打ったボールで行う。人の場合はスピードやパワーに限界があるので、近くから打つことで強いボールを軌道を見極めながら受けることができる。

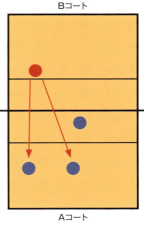

45

レセプションの練習

達成型練習でストレスをかける

ねらい

Menu 029 ワンマンレセプション

難易度 ★★☆☆☆
回数 10本

習得できる技能
▶ フォーム
▶ ボールコントロール

やり方

コートに一人が入り、サーバーはランダムにサーブを打つ。10本正確に返球したらクリア

？ なぜ必要？

集中力を高める

形づくりとして反復練習として行うことも大事だが、「10本中8本返す」「5本連続成功」といった目標を設定して、集中力を高めながら行うことが大事。達成型練習で行うと、練習者に「早く終わりたい」という思いも出てくるのでストレスを感じる。そうした状況で練習をすることで試合での集中力にもつながってくる。

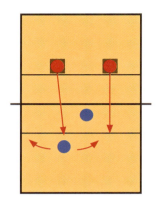

！ ポイント まずは形ができてから

この練習はレセプションの基本の形がしっかりできてから行ったほうがいい。形ができていないうちに「何本返すまで」という目標を設定すると、それを達成することが目的となってしまい、練習のための練習になってしまう。

レセプションの練習

縦・横の関係性を確認して守備の連係を高める

Menu 030　2人組レセプション（縦・横）

難易度 ★★
回数 10本

習得できる技能
▶ フォーム
▶ ボールコントロール
▶ 状況判断
▶ フォーメーション

やり方

コートの幅を限定し、2人組で縦（あるいは横）の関係を確認する

？ なぜ必要？

守備範囲、重なりを確認する

横の関係の場合は2人の間にきたボールをどちらがとるのか、守備範囲や重なりを確認する。縦の関係の場合は、前衛の肩口あたりにサーブを打つことで、どうやってボールを処理するかという縦の関係性をつくる。

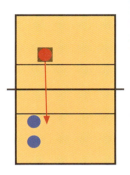

▲写真は縦の2人組レセプション。縦に並ぶ2人の間のボールは関係性ができていないと試合でもレシーブミスにつながりやすいので、練習でそれぞれの守備範囲を確認しておこう

レセプションの練習

いろいろなサーブをとる

難易度 ★★
回数 5セット

習得できる技能
▶ フォーム
▶ ボールコントロール
▶ 状況判断

Menu 031 台上レセプション反復

やり方

練習者のレシーバーは①→②→③と移動してレセプションを行う。①で2本、②で2本、③で2本、計6本受けたら交代。パートナーはフローターサーブ、ジャンプサーブの両方を打つ

? なぜ必要?

不得手を解決する反復練習

この練習はあまりいろいろな考えを持たずに、サーブを感覚的にどんどん返していく。反射して面づくりを大事にするのか、ボールの軌道を見てポジションをとるのか、目的によって台の位置を変える。いろいろなサーブに対応することで、不得手を解決するような練習にする。

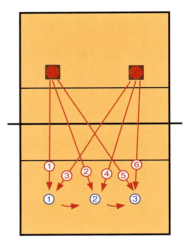

第4章
スパイク

得点を奪うためにはスパイクを確実に決めていきたい。
ただし、いつも十分な体勢でスパイクできるわけではない。
様々なシチュエーションを想定しながら、
スパイクを練習しよう。

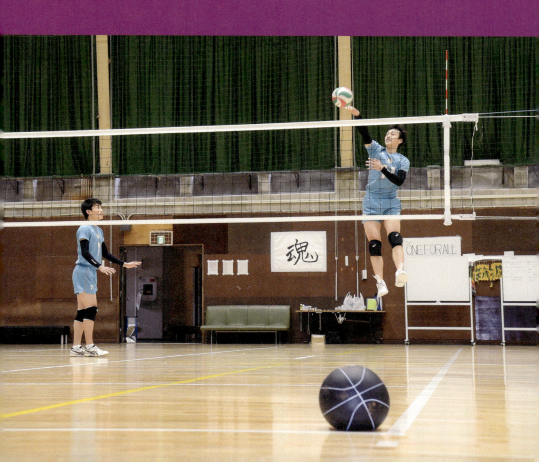

スパイクの練習

ストレートに
しっかり決める

ねらい

Menu 032 ストレートスパイク

難易度	★★★★★
回数	10本

習得できる技能
▶ フォーム
▶ ボールコントロール
▶ 状況判断
▶ コンビネーション
▶ フォーメーション

やり方

ⒶはⒷからトスされたボールをラインに設定された目標物をねらって打つ

？ なぜ必要？

ストレートに打つのがスパイクの基本

スパイクの基本はラインにストレートに打てること。ブロックが一枚でも二枚でも三枚でも、ストレート側のブロックは一枚しかない。何枚ブロックにつかれてもストレート側をきれいに打てれば影響がないため、スパイクを決めるためにしっかり練習しておきたい。

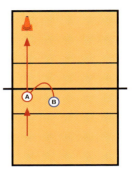

★アプローチ① アングル

50

ポイント 目標物を置いて打つ

目標物をねらってスパイクを打つことでより正確性を高める。トスを上げるセッターの位置がスパイカーと近い場合は比較的打ちやすい。うまくできるようになってきたらセッターの位置をどんどん後ろに下げていって難易度の高い状態でやってみよう。

スパイクの練習
ストレートにしっかり決める

★アプローチ② ストレート

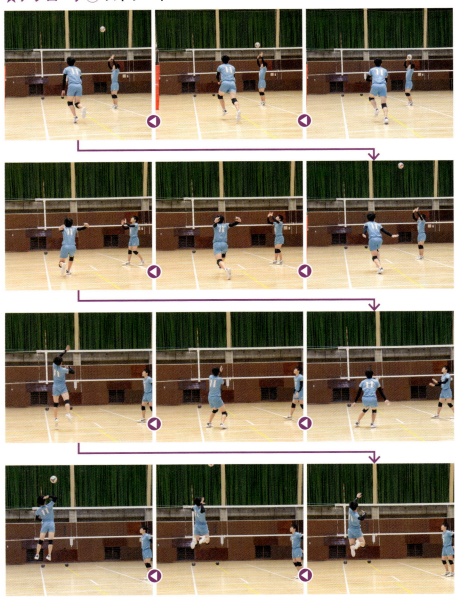

★アプローチ③ ループ

53

スパイクの練習

ねらい 助走なしでもスパイクを打てるようにする

Menu 033 ノーステップスパイク

難易度 ★★★☆☆
回数 10本

習得できる技能
▶ フォーム
▶ ボールコントロール
▶ 状況判断
▶ コンビネーション
▶ フォーメーション

やり方

練習者ⒶはパートナーⒷからのトスをノーステップ（助走なし）でスパイクする。

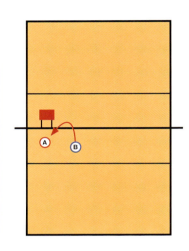

❓ なぜ必要？

試合で起こりうるシチュエーションだから

レセプションアタックのときは、しっかり助走をとってスパイクを打つことができるが、トランジションアタックのとき、ブロックをフォローしたボールからの攻撃などのときは、助走をとらずにスパイクしなければいけない状況も多い。試合でそういうシチュエーションになったときにしっかりスパイクを打てるように、ノーステップで打つ練習をしておく。

Level UP!

状況を変えながら打つ

まずはノーステップでしっかり打てるようにすること。それができるようになったら、トスをスパイカーと離れたところから上げるなど状況を変えて打つ。ノーステップスパイクができるようになったらブロック板を使って、ブロックがついた状況でもノーステップで決めるというところまで練習する。

スパイクの練習

アタックライン内からでもスパイクを決める

ねらい

Menu 034 ツーステップスパイク

難易度 ★★★☆☆
回数 10本

習得できる技能
▶ フォーム
▶ ボールコントロール
▶ 状況判断
▶ コンビネーション
▶ フォーメーション

やり方

練習者Ⓐはパートナー Ⓑからのトスをツーステップでスパイクする

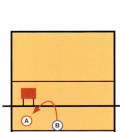

なぜ必要？

試合で起こるよくない状況を想定する

単純にスパイク練習というと、選手は好きなように助走をとって打つ練習をしてしまいがち。しかし、試合では必ずしも十分な助走でスパイクを打てるわけではない。試合で起こるあまりよくない状況でもスパイクが打てるように条件を限定して練習する。

ポイント　ブロックリバウンドもOK

Menu033のノーステップスパイクもそうだが、このツーステップスパイクも決めきれないと思ったらブロックに当てて、ブロックリバウンドをとってもう一度攻撃することを考えてもいい。

スパイクの練習

スパイクのバリエーションを増やす
ねらい

Menu 035　逆ゾーンスパイク

難易度	★★☆☆☆
回数	各5本

習得できる技能
- ▶ フォーム
- ▶ ボールコントロール
- ▶ 状況判断
- ▶ コンビネーション
- ▶ フォーメーション

やり方

練習者ⒶはパートナーⒷからのトスに対して体をX方向に向けたままでY方向にボールを打つ。また、体をY方向に向けたままX方向に打つ。

❓ なぜ必要？

相手との駆け引きの中でスパイクを決める

基本は体の向いている方向にしっかりスイングするのだが、試合ではそれだけでは簡単に決まらない。相手との駆け引きの中でスパイクを決めていくために、体の動きと逆にスパイクを打つという練習をしておく。

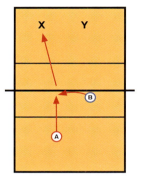

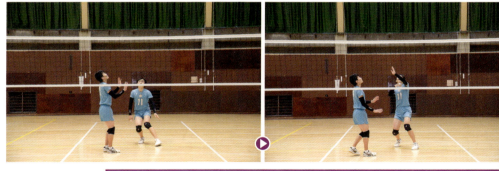

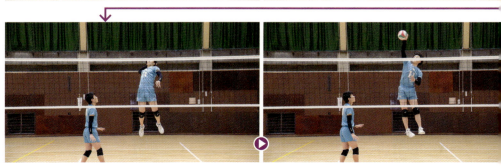

Level UP! オフハンドサイド

自分の右側から上がるトスをオンハンドサイドと言い、左側から上がるトスをオフハンドサイドという。右利きの場合は左から上がるトスのほうが打つのが難しいが、どちらの状況でも打てるように練習しておこう。

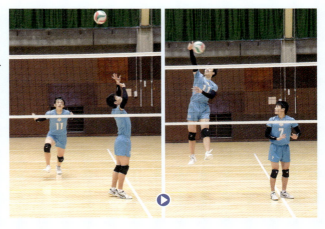

ポイント　打った後はボールを目で追う

スパイクは体の向きと逆の方向に打つことでフェイントになる。しかし、打った後はスパイクのボールを目で追うようにすること。自分が打ったボールの結果をしっかり見ておかないと、素早く次のプレーに移ることはできない。

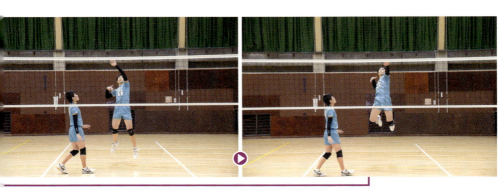

57

スパイクの練習

移動してからのスパイクを練習する
ねらい

Menu **036** スイングスパイク

難易度 ★★★☆☆
回数 10本×2〜3セット

習得できる技能
▶ フォーム
▶ ボールコントロール
▶ 状況判断
▶ コンビネーション
▶ フォーメーション

やり方
1. Ⓐはコート中央付近に位置し、Ⓒからのチャンスボールを®にパス
2. Ⓐは®から上げられるレフトトスをスパイク（①）
3. Ⓐはコート中央付近に戻り、Ⓒからのチャンスボールを®にパス
4. Ⓐは®から上げられるライトトスをスパイク（②）

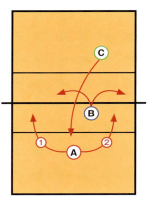

★レフトストレート

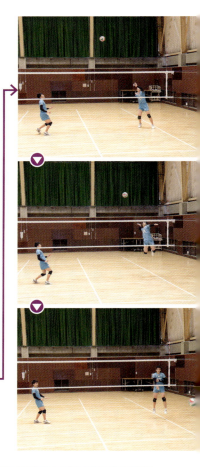

58

なぜ必要？

試合では移動してスパイクというシチュエーションが多いから

試合ではまずはコートの内側でレセプションしてから外（アンテナ付近）に移動して、スパイクをするということが多い。そうした状況を想定して、一度パスをして移動してからスパイクという練習をする。まずはレフト側に移動して打ち、次はライトサイドにいって打つということを一定本数決めて行うことで、この動きを体に覚えさせる。

★ライトストレート

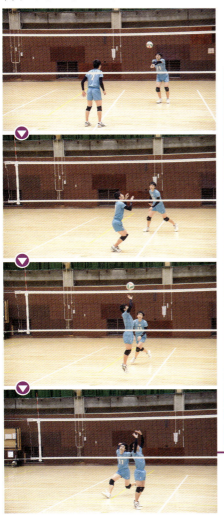

スパイクの練習

移動してからのスパイクを練習する

★レフトインナー

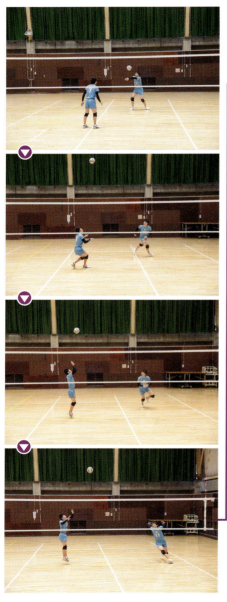
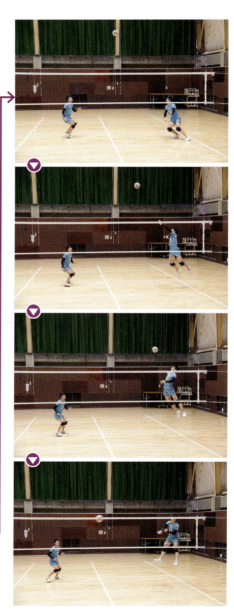

★ライトインナー

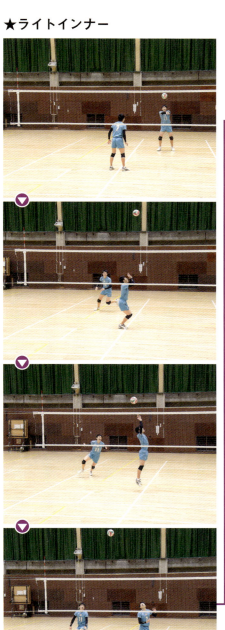
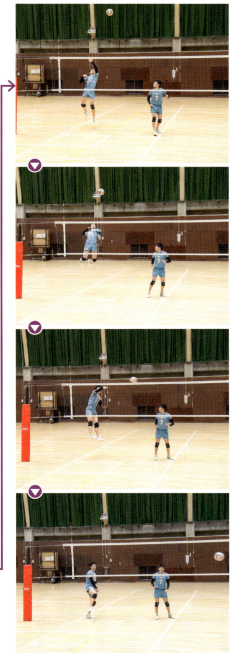

スパイクの練習

ネット際の攻防に強くなる

ねらい

Menu **037** スパイク＋ネットボール

難易度	★★★★★
回数	10本

習得できる技能
▶ フォーム
▶ ボールコントロール
▶ 状況判断
▶ コンビネーション
▶ フォーメーション

やり方

1. ⒶはⒷからのトスを一本打つ
2. Ⓐはブロックジャンプをし、Ⓒが入れるネットボールを処理してⒷにパス
3. ⒷがⒶにトスをして、Ⓐは二本目のスパイクを打つ

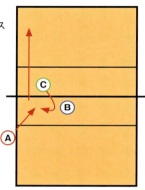

❓ なぜ必要？

ネット際のボール処理は大事だから

ブロックですいこんだボールを処理してのスパイクという状況の練習。ネット際のボールをどう処理するかは試合では重要なポイントとなる。リバウンドをもらって攻め直すのか、押し込むのかなど、いろいろなバリエーションで練習することが必要。

Arrange
スパイク＋ネット押し合い

一本トスをスパイクした後、補助者がネット上に入れたボールを2人で押し合う。押し込まれたボールはしっかりフォローする。

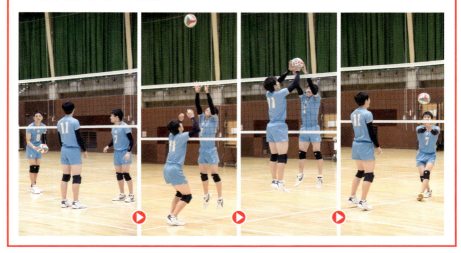

スパイクの練習

ネット際のボールを得点につなげる

ねらい

Menu **038** スパイク＋ダイレクト

難易度 ★★★★★
回数 10本

習得できる技能
▶ フォーム
▶ ボールコントロール
▶ 状況判断
▶ コンビネーション
▶ フォーメーション

やり方

1. ⒶはⒷからのトスを一本打つ。
2. Ⓑは反対コートのブロックの位置に立つ
3. ⒶはⒸから入れられるダイレクトボールを打つ。
   Ⓑはそれをブロックすることを試みる

❓ なぜ必要？

ネット際のボールを確実に処理する

ダイレクトスパイクでの得点、失点というのは試合では比較的多い。スパイクを打った後、ネット上に上がってくるボールを確実に処理して得点につなげることはスパイカーにとってとても大事なことなので、しっかり練習をやっておくようにする。

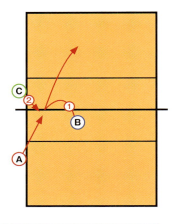

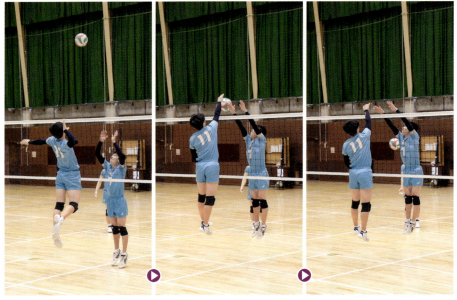

スパイクの練習

安易に相手コートにボールを返さない

Menu 039 リバウンドスパイク

難易度 ★★★★★
回数 10本

習得できる技能
▶ フォーム
▶ ボールコントロール
▶ 状況判断
▶ コンビネーション
▶ フォーメーション

やり方

Ⓐはセルフトスでスパイクを打ちブロック板に当てる。そのボールをⒷにパスし、再びスパイクする

なぜ必要？

攻めきれないときはブロックに当てて攻め直す

いいトスが上がらなかったときに安易に相手コートに返すと、相手の攻撃のターンになってしまう。できる限り自チームのコートでボールを支配するため、攻めきれないトスの場合は一度ブロックに当てて攻撃をつくり直したほうがいい。この練習ではブロックに当てて、もう一度攻撃をつくり直すようにする。二度目のスパイクの際、手前サイドのブロックアウト、奥サイドのブロックアウトなど、ブロックアウトの種類をイメージして得点につなげていく。

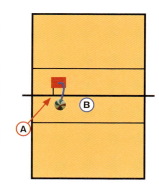

ポイント　時間をつくるためにアンダーでとる

ブロックに当てたボールは、自分以外のプレーヤーの時間をつくるためにできるだけアンダーでとるようにする。

スパイクの練習

難しい攻撃も
ポイントにしていく

Menu **040** 3枚ブロックからの切り返し（WS）

難易度 ★★★☆☆
回数 10本

習得できる技能
▶ フォーム
▶ ボールコントロール
▶ 状況判断
▶ コンビネーション
▶ フォーメーション

やり方

1. Ⓐは図の位置でブロックジャンプし、切り返しの動きでレフトへ移動
2. ⒷはⒸからのボールをレフトへトス
3. Ⓐは1（ブロック裏）へのハーフスパイク、8（コート中央）へ軟打などを行う

強打以外の練習もする

3枚ブロックからの切り返しで攻撃するときは、もちろん強打でもいいが、十分な体勢で攻撃できない状況もあるので、違うパターンの攻撃も練習しておくといい。この場合はブロックの上を越えてレシーバーがいないゾーンにコントロールしたり、開いて同じくレシーバーがいないゾーンに軟打やプッシュするといったバリエーションを増やす練習をする。

なぜ必要？

3枚ブロックに飛んだ後のステップ

相手がハイセット攻撃してくるときに3枚ブロックの3枚目に参加し、そこから開いて攻撃するのはとても難しい。この状況でセッターからのトスを打てるような切り返しのステップを覚える。

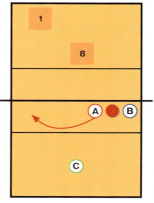

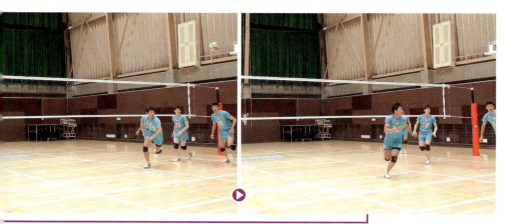

スパイクの練習

ねらい いろいろな攻撃パターンを身につける

Menu **041** サイドブロックからの切り返し（MB）

難易度	★★☆☆☆
回数	10本

習得できる技能
- ▶ フォーム
- ▶ ボールコントロール
- ▶ 状況判断
- ▶ コンビネーション
- ▶ フォーメーション

やり方

1. Ⓐは図の位置でブロックジャンプし、その後Bクイックに入る
2. セッターからのBクイックのトスをブロック裏のレシーバーがいないゾーン2へフェイント

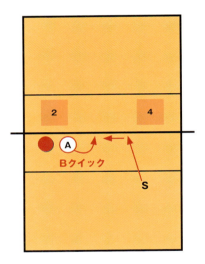

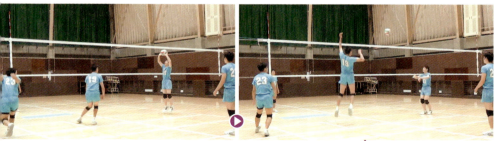

> ⚠️ **ポイント**

実際のブロックシーンをイメージする

練習ではブロックはつけないが、実際のブロックシーンをイメージすることが大事。レフト攻撃に対してブロックジャンプした後にCクイックに入り、ブロック裏のレシーバーがいないゾーン4にフェイント

スパイクの練習

崩れたパスでもしっかり打ち切る力をつける

Menu 042 ハイセットスパイク

難易度 ★★★★★
回数 10本

習得できる技能
▶ フォーム
▶ ボールコントロール
▶ 状況判断
▶ コンビネーション
▶ フォーメーション

やり方
1. ⒸからのボールをⒷはレフトへハイセットする
2. Ⓐはそのボールを3人のレシーバーに対してスパイク。決めることができたら交代

❓ なぜ必要？

いい状況で打てるのは3割くらいしかないから

大学男子のレセプションアタックではだいたいAパス3割、Bパス4割、Cパス2割、1割がパスミスというくらいの割合であり、いい状況で打てるのは3割くらい。また、トラジションアタックの多くはパスが崩れた状況で打つことが多くなるので、ハイセットでもしっかり打てる練習をする必要がある。コンビを磨く以上にこのスパイクを打ち切れるほうがチームは強くなる。

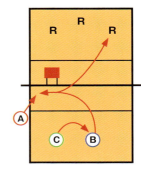

Level UP!
制限をつける

ハイセットでも自由に打てるなら大きく助走をとって打つスパイカーは多い。しかし、実際の試合ではそういう状況は少ないので、制限をつけて打つようにするとより難易度が上がる。助走を「コート内」や「アタックライン内」と制限したり、トスを上げる位置を変えたり、あるいはブロック板を入れるなどして、スパイカーにより難しい条件で打たせるようにする。

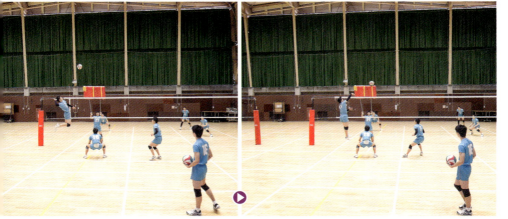

スパイクの練習
スパイクの矯正

★横殴りスイングの矯正

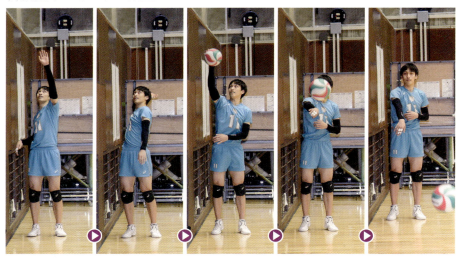

▲スパイクを打つ手の側を壁にして真っすぐ腕を振るようにする

★左腕横倒れ矯正

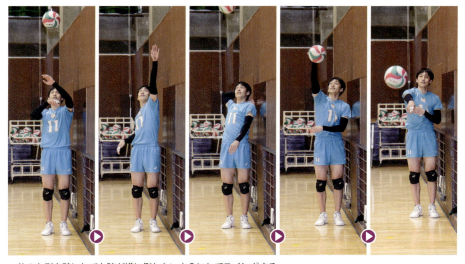

▲体の左側を壁にして左腕が横に倒れないようにしてスイングする

第5章
サーブ

バレーボールのすべてのプレーはサーブから始まる。
相手を崩すことができれば得点のチャンスが生まれ、
チームに流れを引き寄せることもできる。
強く、正確なサーブを身につけよう。

サーブの練習
フォームを確認しよう！

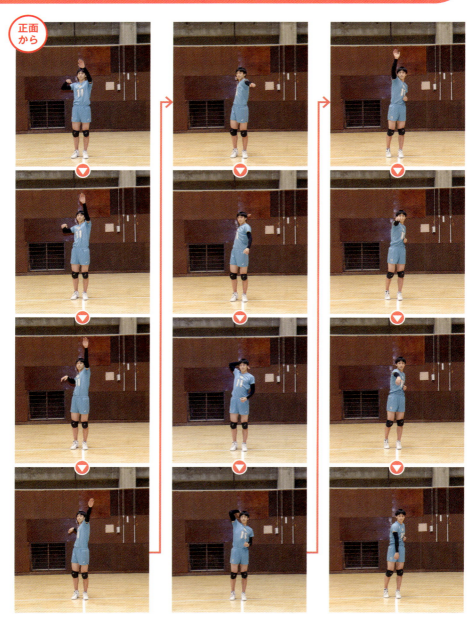

▲スイング軌道を真っすぐにするためにも上腕が耳の近くを通るのがポイント

横から

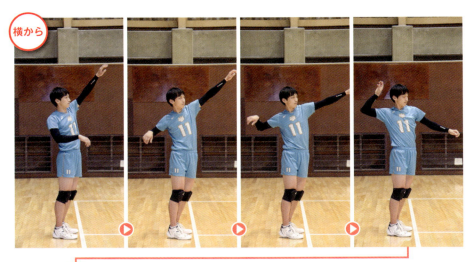

手が横振りになる

手が横振りになるとスイング軌道が真っすぐにならないので、しっかりコントロールができず打点も下がるので注意。

サーブの練習

サーブの基本動作を身につける

ねらい

Menu **043** ロングミート

難易度	★★★☆☆
回数	10本×2〜3セット

習得できる技能
- ▶ フォーム
- ▶ ボールコントロール
- ▶ 状況判断
- ▶ コンビネーション
- ▶ フォーメーション

やり方

2人組となってネットを挟んで向き合う。まずはネットから6メートルのところに立ち、ライン上にトスを上げてライン上にボールが落ちるように打つ。これができたらエンドラインから同様のことを行う

? なぜ必要？

いろいろなサーブを覚えるための第一歩

現在はジャンプサーブが主流となっているが、それを覚えるためには基本を覚えなければならない。まずは地に足をつけて、コートのライン上に立って、ライン上にトスを上げて、ラインの延長線上で打って、ボールもライン上に落ちるのが理想。スイングの軌道を一定にする、トスを安定させるなど、いろいろなサーブを打つための第一歩となる。

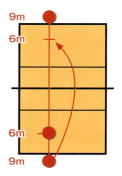

! ポイント 右手の先から左足の先まで一直線

踏み出した左足とスイングした右手の先が一直線になる形を意識する。スイングしてボールを叩いた軌道もその線を真っすぐなぞるように注意してサーブを打つ。最初から遠い距離になると飛ばすことを意識してしまうので、まずは6メートルくらいの距離から始めて、パートナーに向かってきれいなスイング軌道で飛ぶようになったら距離を伸ばしていく。

サーブの練習

動作の安定を確認する

Menu 044 ブラインドサーブ

難易度	★★★★★
回数	1本入るまで

習得できる技能
- ▶ フォーム
- ▶ ボールコントロール
- ▶ 状況判断
- ▶ コンビネーション
- ▶ フォーメーション

やり方
フローター系サーバーは、アプローチ、トス、サーブの一連の動作を目をつむって実施する

なぜ必要?

サーブの動作を安定させるため
サーブのミスを減らすためには動作が安定している必要がある。それに加えて、セッターが正確なトスを上げることがアタックで重要なように、サーブのトスボールは自らが正確に上げることが重要。この練習で目をつむってでも同じ動作ができるように、サーブの動作を安定させていく。最初のうちは手に当たらない選手もいるかもしれないが、動作が安定してくればしっかり相手コートに入るようになる。

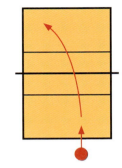

77

サーブの練習

ジャンプサーブのトスを安定させる

ねらい

Menu 045 ジャンプサーブトスボール的当て

難易度 ★☆☆☆☆
回数 目印に10回当てる

習得できる技能
▶ フォーム
▶ ボールコントロール
▶ 状況判断
▶ コンビネーション
▶ フォーメーション

やり方

エンドラインから1〜1.5メートルのところに的となる雑巾などを置き、ジャンプサーブのトスを上げて当てる

❓ なぜ必要？

ジャンプサーブのトスの軌道を安定させる

ジャンプサーブを安定して打つためにはトスがとても大事。トスの高さと軌道が一定になっていないとミスが起こりやすい。自分が打ちたいジャンプサーブがどのくらいのトスなのかを明確にして、目印を置いてそこに当てるという練習をひたすら行うことで、トスの軌道や高さを安定させる。

👆 ワンポイントアドバイス

≫ 時間も場所も問わずにできる

この練習は体育館でなくてもできるので、時間も場所も問わずに行える。ジャンプサーブのトスはスパイクの際のセッターのトスと同じ。セッターは攻撃を決めるために相当量のトスの練習をしている。ジャンプサーブの場合は自分がセッター役も兼ねるため、本来ならば安定したトスを上げるために相当量の練習をしなければいけないのだが、疎かになりがち。この練習はいつでもどこでもできるものであり、とても大事なので、積極的に取り入れることをオススメする。

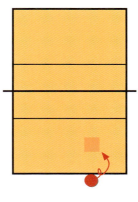

サーブの練習

相手コートに入れる感覚を養う

Menu 046　3→6→9メートルサーブ

難易度 ★★☆☆☆
回数　各5本ずつ

習得できる技能
▶ フォーム
▶ ボールコントロール
▶ 状況判断
▶ コンビネーション
▶ フォーメーション

やり方
3メートル→6メートル→9メートルと段階を踏み、距離を伸ばしてサーブをする

？ なぜ必要？

自信をつけるために段階を経る

中学生や高校生でジャンプサーブを始める人は、いきなりエンドラインからやってもなかなか入らない。入らなければストレスになり、自信をなくすだけ。まずはバックアタックのような感覚で近いところから相手コートに入れるところから始め、安定してきたら距離を伸ばしていくようにする。

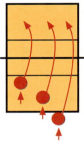

サーブの練習

サーブの助走と軌道を確認する

難易度 ★★★☆☆
回数 10本

習得できる技能
▶ フォーム
▶ ボールコントロール
▶ 状況判断
▶ コンビネーション
▶ フォーメーション

Menu 047 ライン助走ジャンプサーブ

やり方

コートにラインテープを貼って助走の目安をつくる。ジャンプサーブのトス、アプローチ、サーブを打つ方向を一定させて、パワーのあるサーブを打つ

なぜ必要?

助走方向とジャンプの方向を一直線にする

実際のサーブは相手レシーバーとの駆け引きが発生するため、見ていない方向に打ったり、回転をかけたりということがある。その前段階として、助走と軌道の方向を安定させる必要がある。助走方向とジャンプの方向が一直線上になればエネルギーのロスは少なく、強いサーブを打つことができる。この練習でラインを意識することで、助走とジャンプの方向を一定にする。

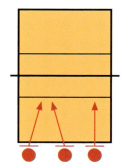

サーブの練習

ねらい 体のねじりを使って打つ感覚を覚える

Menu 048 片ヒザメディシンボール投げ

難易度 ★☆☆☆☆
回数 5回×3セット

習得できる技能
▶ フォーム
▶ ボールコントロール
▶ 状況判断
▶ コンビネーション
▶ フォーメーション

やり方
2〜3キロのメディシンボールを使用し、片ヒザ立ちの状態で相手コートに投げる

？ なぜ必要？

体の軸をしっかりさせる
状態のねじりを使って投げることでトレーニングにもなる。ボールが重すぎると体を傾けてしまうので、そうならない重さでやること。体の軸をしっかり立てて、サーブやスパイクに必要なねじりを使う。

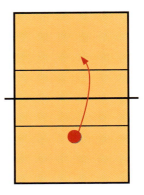

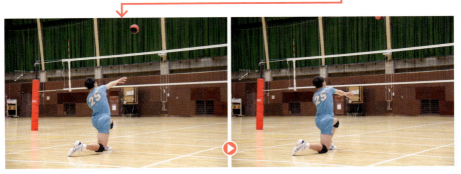

Arrange

片ヒザボール打ち

メディシンボール投げをよりバレーボールに近づけた練習。370グラムのトレーニングボールを片ヒザ立ちの状態で打ってみる（通常のバレーボールでも行う）。上体の力をしっかりボールに伝えないと相手コートまでボールは飛ばない。

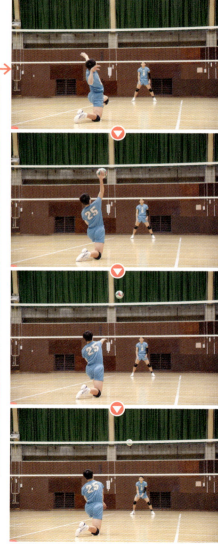

サーブの練習

サーブのボールコントロールを身につける

Menu **049** ゾーン打ち連続サーブ

難易度 ★★★★★
回数 クリアするまで

習得できる技能
▶ フォーム
▶ ボールコントロール
▶ 状況判断
▶ コンビネーション
▶ フォーメーション

やり方

ゾーン4→6→3→1→2→5などの順で連続6本入るまで行う。設定するゾーンや連続数はチームの目標に応じて設定する

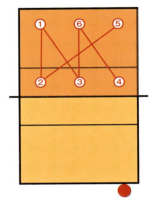

？ なぜ必要？

ねらいをもってサーブをする

現在のバレーボールは、サーブでどのゾーンをねらって打つのかというのはとても重要。相手のサーブフォーメーションによってねらいたいところがあっても、そのコントロールがなければできない。日頃の練習からねらいをもったサーブを練習しておくことで試合にも生きてくる。

サーブの練習

スピードのあるサーブのコントロールを高める

ねらい

Menu 050 スピードクリア連続サーブ

難易度 ★★★★☆
回数 クリアするまで

習得できる技能
▶ フォーム
▶ ボールコントロール
▶ 状況判断
▶ コンビネーション
▶ フォーメーション

やり方

スピードガンで設定したサーブの90パーセント以上のスピードで連続◯本入れる。本数はレベルによって設定する

? なぜ必要？

強いサーブをコントロールする

客観的な評価基準として、まずはスピードガンでサーブのスピードを測る。そのスピードの9割以上のスピードを出した上で、連続何本入れるという条件を設定し、強いサーブでもコントロールできるようにしていく。

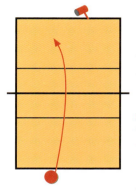

! ポイント　スピードガンを使う理由

たとえば連続5本サーブを入れるという条件を設定した場合、コントロール重視で軽く打てば簡単にできてしまう。あるいは連続5本レシーバーを崩したらという条件を設定したとしても、それはレシーバーの技術に左右されることがある。そこで客観的な評価基準としてスピードガンを使って、サーブの速さを条件に入れることで、サーブの強さ（速さ）とコントロールを同時に強化することができる。

85

サーブの練習

ストレスをかけた
サーブ練習
（ねらい）

Menu 051 ゾーンサーブ
連続イン＋レシーバー

難易度	★★★★☆
回数	クリアするまで

習得できる技能
▶ フォーム
▶ ボールコントロール
▶ 状況判断
▶ コンビネーション
▶ フォーメーション

やり方

連続で入れる本数をチームで設定する。最後の一本を打つ前にラストであることを宣言。そのサーブで、レシーバーがCパス以下だったらクリア。レシーバーにAパスを返されたら最初からやり直し（Bパスの場合はラスト一本のみやり直し）。フローター、ジャンプサーブどちらも行う

なぜ必要？

**ストレスがかかった状態でも
サーブを決めるため**

試合では緊張感のある状態でサーブを打つこともある。たとえばこの一本で負けてしまうかもしれないというときなどは相当なストレスを感じるはず。最後の一本で相手を崩せなかったら最初からやり直しという設定をすることで、練習でもストレスがかかるようにする。

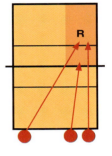

86

Arrange

一本勝負

サーブにストレスをかける練習のバリエーション。フローターの場合はコートを9分割にして1ゾーンを指定して打つ。ジャンプサーブの場合は6分割にして1ゾーンを指定して打つ。入らなかった場合はペナルティを課す。また、試合のときは心拍数が上がった状態でサーブを打つことになるので、コートを1周してすぐにこの一本勝負を行うというようにストレスの量をどんどん増やしていくと試合に生きてくる。

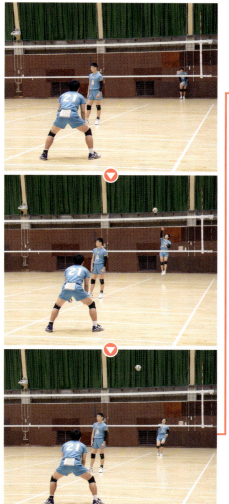

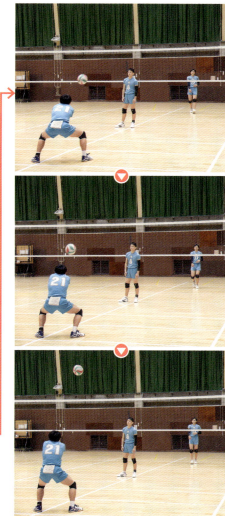

サーブの練習

スピードと コントロールの強化
ねらい

Menu **052** メディシンボール当て出し

難易度	★★★★★
回数	クリアするまで

習得できる技能
▶ フォーム
▶ ボールコントロール
▶ 状況判断
▶ コンビネーション
▶ フォーメーション

やり方
メディシンボールをターゲットにして、サーブでねらう。当ててコート外に転がり出したらクリア

なぜ必要？

スピードとコントロールを同時に強化
この練習は基本的にはサーブのコントロールの練習。しかし、メディシンボールを押し出すとなると、ただコントロールしてねらうだけでなく、ボールのスピードも必要になる。メディシンボールに当てて押し出すとことで、サーブのスピードとコントロールを同時に強化することができる。

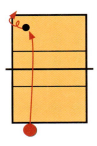

 Arrange

チーム対抗戦
この練習のやり方のバリエーションとして、チーム対抗戦にしてもいい。たとえば5人組を2チームつくり、先に出したほうが勝ちというルールで行う。反復練習の場合はどうしても飽きてしまうことがあるので、集中力を保たせるためにゲーム性に取り入れることも必要だ。

第6章
ブロック

相手の攻撃を最前線で防ぐのがブロックだ。
練習で個人としてのブロック、
チームで連携してのブロックを磨いていこう。

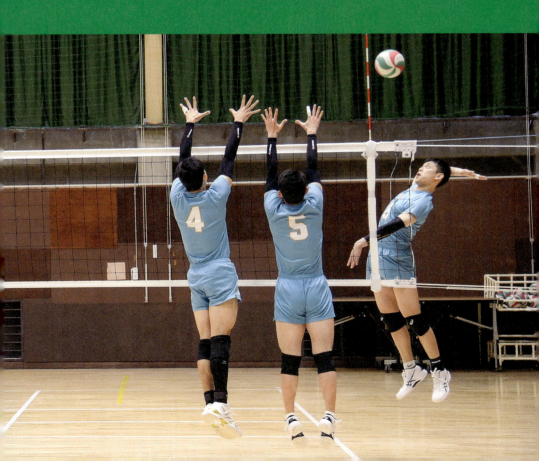

ブロックの練習

ブロックの注意点！

実際に跳ぶ前にジャンプしたときの姿勢を確認しておこう！

◀両手を肩幅の広さにして真っすぐ伸ばす。指を広げて手首を少し前に倒すような感じでボールを抑え込む。両腕の間隔はボールがギリギリ通らないぐらいにする

◀手は大きく伸びているが手と手の間隔が広すぎるため、これだと間を打ちぬかれてしまう

ブロックの練習

空中バランスを安定させる（ねらい）

Menu 053　その場連続跳び

難易度 ★☆☆☆
回数 10回×2～3セット

習得できる技能
- ▶ フォーム
- ▶ ボールコントロール
- ▶ 状況判断
- ▶ コンビネーション
- ▶ フォーメーション

やり方
連続10回直上ジャンプをする。地面に接地する時間を短くする。

？なぜ必要？

空中バランスをよくするため
足関節を主に使って地面に接地している時間をなるべく短くして連続ジャンプを行う。最初はネットに近づいたり離れたりして一定しないが、繰り返すことで空中バランスがよくなってキレイに跳べるようになる。

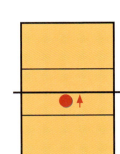

！ポイント　最初はネットタッチしてもいい

ネットタッチを気にするとどうしてもネットから離れるようにジャンプしてしまう。ネットからブロックが離れてしまうと、試合ではボールを吸い込んでしまうのでよくない。前腕部がネット上部の白帯を擦るように出すようにする。

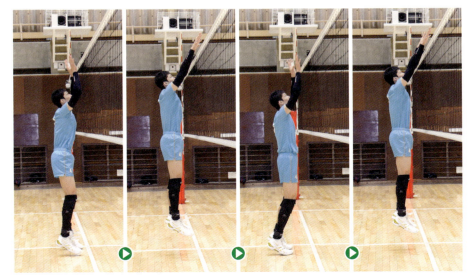

ブロックの練習

ねらい いろいろなステップで跳ぶ

Menu 054　1枚空跳び

難易度 ★☆☆☆☆
回数 左右5回×2〜3セット

習得できる技能
▶ フォーム
▶ ボールコントロール
▶ 状況判断
▶ コンビネーション
▶ フォーメーション

やり方

ネット上15センチのところにゴムを張り、ネットとゴムの間に手を出すようにして、ブロック空ジャンプをする。サイドステップ、クロスオーバーなど、いろいろなステップでやる

? なぜ必要?

ブロックの際に必要なステップを身につける

それぞれ苦手なステップがある。利き足ではないほうのサイドステップはすごく難しい。一枚で空ジャンプする練習で苦手を矯正して、ブロックの際に必要ないろいろなステップを覚える。

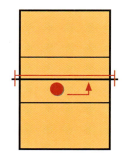

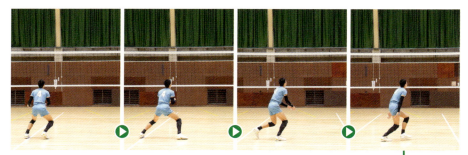

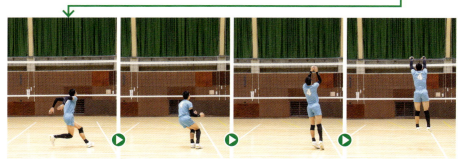

ブロックの練習

体幹、バランスを鍛える

Menu 055 メディシンボール空跳び

難易度 ★☆☆☆☆
回数 5回×2〜3セット

習得できる技能
- ▶ フォーム
- ▶ ボールコントロール
- ▶ 状況判断
- ▶ コンビネーション
- ▶ フォーメーション

やり方
5キロのメディシンボールを持ってブロックジャンプをして、両手で相手のコートに落とす

なぜ必要？

体幹を鍛えるトレーニング

重さのあるメディシンボールを持ってジャンプすることで体幹、バランスのトレーニングとなる。メディシンボールを持ってジャンプするとどうしてもネットタッチしてしまうが、段々ネットタッチしないようにしていく。5キロが重すぎる場合は1〜2キロからスタートでもいい。

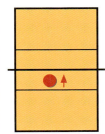

ブロックの練習

ねらい: 2枚ブロックをしっかり揃える

Menu 056　2枚ブロック空跳び

難易度 ★☆☆☆☆
回数　左右5回×2〜3セット

習得できる技能
- ▶ フォーム
- ▶ ボールコントロール
- ▶ 状況判断
- ▶ コンビネーション
- ▶ フォーメーション

やり方
レフトサイド、ライトサイドともに2人で声をかけてタイミングを合わせてブロックジャンプをする

？ なぜ必要？

空跳びで揃わなければ試合で揃わない

ボールもない、スパイカーもいないという一番簡単な状態で揃わなければ試合で揃えられるわけがない。ゲームの難しい局面で2枚ブロックで止めようと思ったら、まずは空跳びという簡単な状況で揃えることを徹底する。

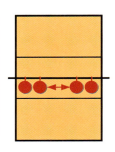

ポイント 2人で一枚の壁をつくる

2人でブロックをするときは、先行するブロッカーと追随するブロッカーの呼吸とタイミング、足の運び方も合わせなければいけない。1枚ブロックが2枚跳んでいるだけでは意味がないので、2枚ブロックのときは2人で一枚の壁をつくるようにしっかり揃ったジャンプを徹底する。

踏み切る位置が離れている

▲2人の足の運び、ジャンプのタイミングが合っていないと一枚の壁になれないのでNG

ブロックの練習

3枚ブロックを しっかり揃える

Menu 057 3枚ブロック空跳び

難易度 ★★★★★
回数 左右5回×2～3セット

習得できる技能
- ▶ フォーム
- ▶ ボールコントロール
- ▶ 状況判断
- ▶ コンビネーション
- ▶ フォーメーション

やり方

3人で声をかけてタイミングを合わせてブロックジャンプをする。3枚目のブロッカーは「3枚！」とコールして、他の2人に3枚で跳ぶことを伝える

? なぜ必要?

試合の難しい局面で3枚ブロックを揃える

Menu056の2枚ブロック空跳びと目的は同じ。3枚になると2枚以上に揃えるのが難しいので、試合のときにできるようにまずは何もないところで3人のブロックが揃うようにタイミングや呼吸を合わせるようにする。先行するブロッカーの左手と追随するブロッカーの右手の幅が個人の幅くらいになるように揃える。

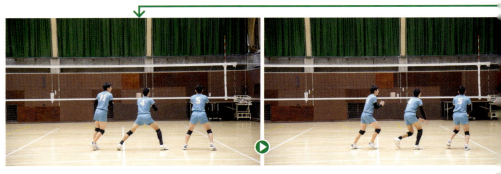

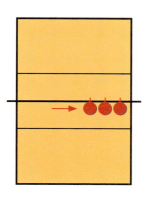

 ポイント

3枚目のブロッカーをチェック

3枚目のブロッカーがブロックを揃えるのはとても難しい。練習では特に2枚目のブロッカーと3枚目のブロッカーの間が空いてないかチェックする。

ブロックの練習

ブロックでコースを限定する

ねらい

Menu **058** ブロック当て

難易度 ★★★★★
回数 5本×2～3セット

習得できる技能
▶ フォーム
▶ ボールコントロール
▶ 状況判断
▶ コンビネーション
▶ フォーメーション

やり方
Ⓐは©から打たれるボールをブロックする。エンドゾーンにコーンを置いておき、Ⓐは抑えるコースを限定する。©は限定したコースに打つ。

❓ なぜ必要？

攻撃はブロックだけでなく全員で防ぐから

相手の攻撃を防ぐのはブロックだけでもレシーブだけでもない。チームの6人全員で攻撃を防ぐという意識を持つ。そのため、ブロックはレシーバーのいないコースを限定して抑えるようにする。自分が止めるべきコースにきたボールは必ず止めるようにする。

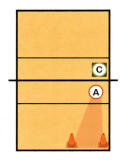

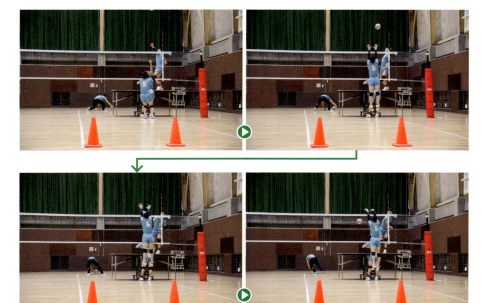

バレーボール Q&A その一

バレーボールに関する
素朴な疑問に秋山先生に
答えてもらおう。

Q 練習試合はどんなことを テーマに臨むべきでしょうか？

A 春なのか、夏なのか、秋なのか、時期によって考え方は変わってきます。一番練習試合を多く組むのは、新チームになって間もなくの春になりますが、ここではいろいろな見極めが必要になります。この時期はあまりメンバーを固定しすぎずに、それぞれの選手の状態を見ていきます。それから選手同士の相性もチェックしておきたいところです。たとえばセッターが二人いる場合には、それぞれのセッターとスパイカーの相性や、組み合わせの良し悪しを見ることもねらいの一つです。他にもチームの約束事の確認や、同じカテゴリー内の相手と自チームの状態を見て、今年はどのくらいの位置にいるのかということをシーズン前に確認することも大事だと思います。高校生で言うと春高バレー、大学生ならインカレと、一番大きなイベントの前の練習試合では、精度を高めていくことがテーマになりますが、チームが始動し始めた時期は、広い視点でチームを見極めるほうが良いでしょう。

Q レギュラーではない 選手のモチベーションを高めるためには、 どんなことに気をつけたらいいでしょう？

A これはチームをつくっていく上で一番難しいところだと思います。みんながみんな自分の欲求を100パーセント満たせればそれが一番ですが、実際には不可能です。100パーセントとはいかなくても、ある部分で納得できるようなポジション、役割を与えることが必要だと思います。みんなが同じ方向に向かって進んでいくというのは、簡単なことではありません。実際には、ゲームチームだけをまとめたり、ゲームチームだけの練度を高めていったりしても、チームは強くなりません。チーム全体の意識を統一させるためには、レギュラーメンバー以外の選手にも役割が必要になってきます。それぞれに役割ができ、目標に向かうための文化がチームに醸成されれば、チームとして高いモチベーションを保つことができると思います。

ブロックの練習

スパイクに対してブロックを揃える

ねらい

Menu 059　ライブブロック

難易度 ★★★☆☆
回数　左右5回×2〜3セット

習得できる技能
▶ フォーム
▶ ボールコントロール
▶ 状況判断
▶ コンビネーション
▶ フォーメーション

やり方

はじめはどちらのサイドにトスを上げるのか明示して、そのコースをブロックする。ブロックが揃うようになってきたら両サイドのいずれかにトスを上げてブロックする。

❓ なぜ必要？

実際にスパイカーをつけてブロックを揃える

Menu056とMenu057で行った空跳びの発展形。今度はライブで実際に打たせてそれを止めるためにブロックを揃えるようにする。段階を踏んでブロックを揃えられるようにしていけば、実際の試合にもつながってくる。

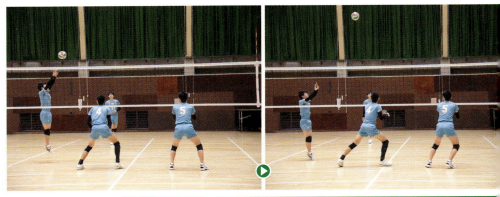

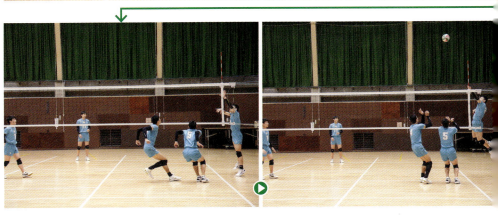

⚠ ポイント うまく揃わないときは空跳びに戻る

この練習はウォーミングアップを目的として行うこともあるが、本来目的にするべきはしっかりブロックを揃えて失点を減らすことであり、ブロック接触率を上げること。成果を得るためにはやはりブロックが2枚または3枚しっかり揃わなければいけない。ライブでスパイカーが入ると揃わないというときは、一度、空跳びで揃えるところに戻ってみるといい。

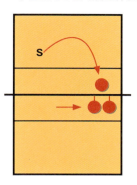

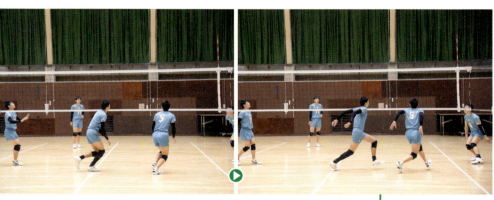
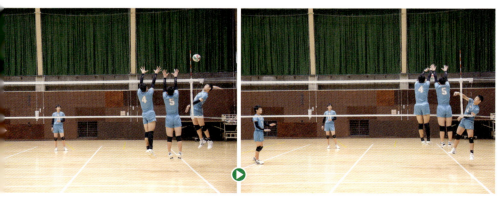

ブロックの練習

ブロックの立ち位置をアジャストさせる

ねらい

Menu 060 立ち位置アジャスト

難易度	★★☆☆☆
回数	各自3回ずつ

習得できる技能
- ▶ フォーム
- ▶ ボールコントロール
- ▶ 状況判断
- ▶ コンビネーション
- ▶ フォーメーション

やり方

©から出されるパスの状況、クイックの種類、絡みのコンビに対して立ち位置のアジャストをする。実際にジャンプはしないが、コーチからセッターにボールを入れて、スパイクがくるときにどこに立っているかを把握する。

❓ なぜ必要？

ブロッカーのスタート位置の確認

ブロックは空中が大事だが、それと同様にどこにいるかということも大事。セッターがトスを上げるときに3人のブロッカーがどこにいるべきかというスタート位置をアジャストさせるのがこの練習だ。Aクイックのとき、Bクイックのときなど、状況を設定しながらスタート位置をアジャストさせていく。

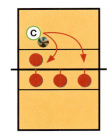

Aクイックの立ち位置アジャスト

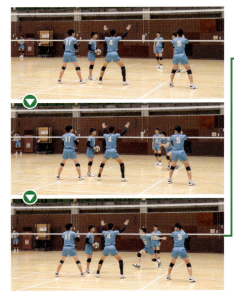

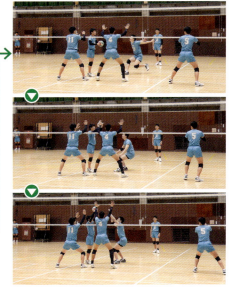

102

Bクイックの立ち位置アジャスト

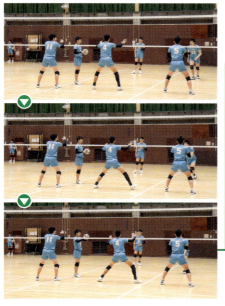
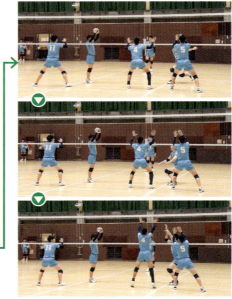

ブロードの立ち位置アジャスト

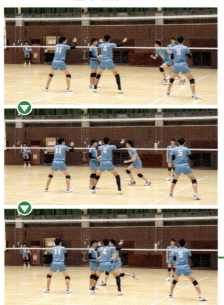
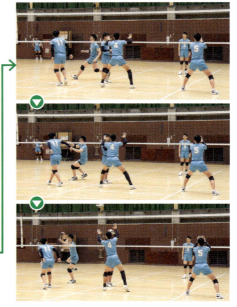

ブロックの練習

ブロッカーの苦手を見極める

Menu 061 Aライト、Bレフト
（Aレフト、Bライト）

難易度 ★★★★☆
回数 5本×2～3セット

習得できる技能
- ▶ フォーム
- ▶ ボールコントロール
- ▶ 状況判断
- ▶ コンビネーション
- ▶ フォーメーション

やり方

セッターは台上のⒸたちにAまたはライト平行にトスを上げる。ⒶとⒷはどちらかに上がるトスのブロックを試みる。同様にBレフト、Aレフト、Bライトも行う

なぜ必要？

苦手なブロックを知って修正

AライトとBライトは近い距離で攻撃するため、ミドルブロッカーにとってブロック参加しやすい。一方でAレフト、Bライトは移動距離が長くなるため、ブロック参加の難しさが伴う。何種類かのパターンを試すことにより、ブロッカーは距離が苦手なのか、または見極めが苦手なのかを知り、その課題をチームとして修正していくことがねらいとなる。

Bレフト

Ａライト

❗ ポイント
どちらに動くのが苦手かを知る

ブロッカーによって右に動くのが苦手な選手と左に動くのが苦手な選手がいる。基本的に右利きの選手はスパイクの踏み込みと同じになるため、左に動いてジャンプするほうがジャンプの効果が高い。実際に動きの中で苦手なほうのジャンプをより多く練習でこなしておくといい。基本的にＡライト、Ｂレフトはサイドブロッカーにとって見極めの難しさを伴う。Ａレフト、Ｂライトはミドルブロッカーにとって移動の難しさを伴う。

105

バレーボール Q&A

その二

バレーボールに関する
素朴な疑問に秋山先生に
答えてもらおう。

Q チームの平均身長が低くても
勝てる方法はありますか?

A たとえ平均身長が低くても勝てる方法はたくさんあると思います。ネット際のプレーに関しては身長差が影響する部分も大きくなります。ただし、ネットから離れたプレーは、そこまで身長に左右されないものもたくさんあります。たとえばサーブレシーブやディグ、あるいはトスやサーブは身長とあまり関係ないので、そういう部分の技術を高めることでも相手に対して優位性をつくることができます。また、相手が大きかったとしたら、大きいブロックに対する打ち方もあるので、全部が全部高さで勝とうとしなければ十分に戦えると思います。勝負は相対的なものなので、自チームに高さがあったとしても、相手がもっと高ければ低いことになってしまうし、自チームはサーブが強いと思っていても、相手のレシーブが良くて崩せないとしたら、サーブが悪いことになってしまう。自分たちがどんなプレーをできるのかを理解して、相手を上回れる部分で勝負していくことが大事になると思います。

Q 強いエースを擁するチームと対戦するときは、
どんなことを考えて試合に臨めばいいでしょうか?

A 昨年、石川祐希選手を擁する中央大学と対戦したときは、まさに質問と同じようなシチュエーションでした。彼が十分な体勢で打ってきたときは、大学生レベルではかなりの確率で決められてしまいます。こうした強いエースのいるチームは当然ボールを集めてきますが、100パーセントすべて打つわけではないと思います。もしもエースが打つ本数が全体の70パーセントなら、30パーセントは他の選手が攻撃してくるので、そこをどう抑えるかを考えることも大事です。もちろん、エースを止めることも考える必要はあります。サーブでねらったり、一番得意なところを徹底的に抑えにいったり、あるいは逃げてくるコースを確実に拾ったり、いかにストレスをかけるかということも、エース対策では大事でしょう。

第7章

トス

セッターのトスはとにかく正確性が大事。
試合では様々な場面が出てくるが、
それを想定した練習で、
攻撃につなげられるトスを身につけよう。

トスの練習

ねらい トスの安定性を高める

Menu **062** セルフトス

難易度 ★☆☆☆☆
回数 各5回×2〜3セット

習得できる技能
▶ フォーム
▶ ボールコントロール
▶ 状況判断
▶ コンビネーション
▶ フォーメーション

やり方

Ⓐはその場で自分にボールを上げて、そのボールをレフトスパイカーの位置に立つⒷに上げる。Ⓑに正確に5本上げられたらⒷと交代

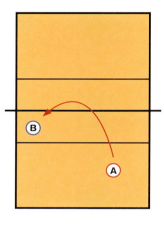

❓ なぜ必要？

集中度を高め、トスの安定度が高まる

この練習は運動強度は低いが、ねらいどころを決めて何本と決めた回数上げることで、より集中度が高まり、トスの安定度も高まる。また、ネットを越えてしまったらプラス5本というようにプレッシャーをかけるとより効果も上がる。

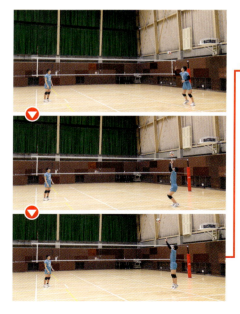
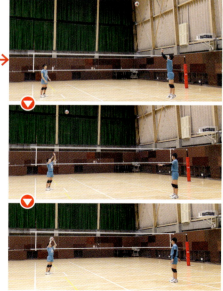

Arrange
アンダーでも、ライトにも上げてみる

まずはオーバーハンドでレフト側にしっかり上げることができたら、アンダーハンドでレフト側、あるいはオーバー、アンダーそれぞれでライト側に上げてみるなど、4つのバリエーションでやってみる。この練習は距離が遠くなればなるほど難しくなるが、試合でははじかれたレシーブボールをコート外から上げるという場面もあるので、コート外から上げる練習もしておくといい。

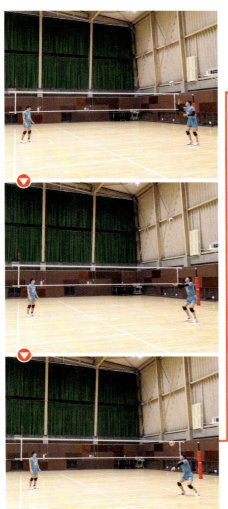

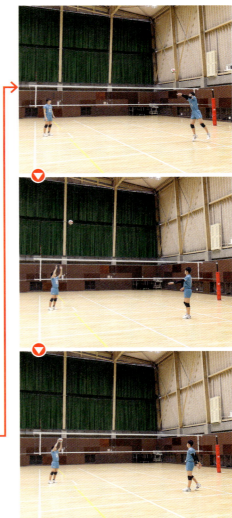

トスの練習

ねらい ネットボールをうまくトスできるようにする

Menu **063** ネットトス

難易度	★★☆☆☆
回数	レフト・ライト各5本

習得できる技能
- ▶ フォーム
- ▶ ボールコントロール
- ▶ 状況判断
- ▶ コンビネーション
- ▶ フォーメーション

やり方

Ⓐがネットを背にして立ち、向かい合うⒷがネットボールを出す。Ⓐはネットボールをアンダートス。レフト、ライト各5本ずつ行う

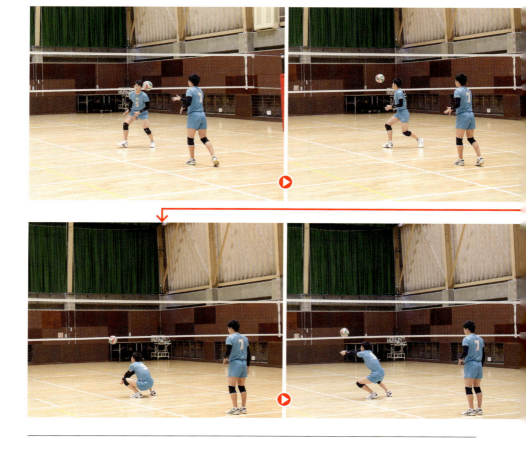

110

! ポイント 跳ね返り方を知る

ネットのどこに当たるかによって跳ね返り方は違ってくる。たとえばネットの上部に当たると、ネットのすぐ下に落ちてきて、ネット下部の場合は比較的跳ね返りがある。そうした跳ね返り方の違いを練習でいろいろ試して、どの位置に当たったらどんな跳ね返り方をするか体で覚えておく。ヒザをしっかり曲げ丁寧にトスを上げる。

? なぜ必要？

ネットボールのトスを身につける

レシーブボールやパスボールがネットに引っかかることは試合でもよくある。そんなときでもしっかりトスを上げられるように練習にも取り入れておく。この練習をやっておくと、試合でこうした場面がきたときでもトスを上げられるようになる。

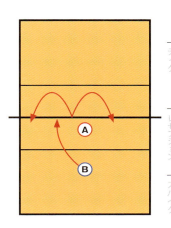

スパイクの練習

トスの精度を上げる

Menu 064 連続トス（ファーサイド・ニアサイド）

難易度 ★★☆☆☆
回　数 10セット

習得できる技能
▶ フォーム
▶ ボールコントロール
▶ 状況判断
▶ コンビネーション
▶ フォーメーション

やり方

ゾーン3からレフト→ゾーン2からレフト×2→ゾーン3からライト→ゾーン4からライト×2というトスを連続で行う。写真はファーサイドだが、ニアサイドも練習に取り入れる。移動を伴うトスを上げることでターゲットまでの距離感をつかむ

? なぜ必要？

セッターには正確性・再現性が必要だから

セッターのトスはとにかく正確性と再現性が必要なため、近いサイド、遠いサイドのトスを繰り返し行うことで、その精度を高めていく。

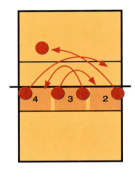

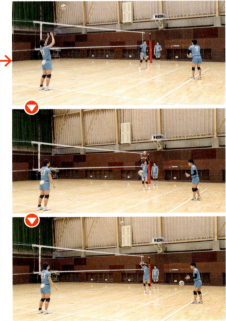

スパイクの練習

自分のトスの正確さを知る

Menu **065** 直上連続トス

難易度	★★☆☆☆
回数	連続100本

習得できる技能
- ▶ フォーム
- ▶ ボールコントロール
- ▶ 状況判断
- ▶ コンビネーション
- ▶ フォーメーション

やり方

ネット際の1.5メートル四方くらいの指定した位置に立って、そこから出ることなく、直上トスを連続で100本行う

？ なぜ必要？

真上に正確に上げるのはセッターの基本

セッターは自分の真上に正確に上げることが基本。移動せずに連続で100本直上に上げるとなると、自分のトスがどれだけ正確かがわかる。

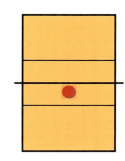

！ ポイント　1.5メートル以上上げる

連続100本といっても手先でチョンチョンと上げるだけなら簡単にできてしまう。この練習ではヒザのバネを使って、1.5メートル以上上げるようにする。

113

スパイクの練習

動きながらでも正確に上げる

ねらい

Menu 066 ネット際直上トス往復

難易度 ★★★★★
回　数 1往復内に100回

習得できる技能
▶ フォーム
▶ ボールコントロール
▶ 状況判断
▶ コンビネーション
▶ フォーメーション

やり方

ネットから50センチ以内のところで直上トスをしながら往復する。移動進路が蛇行しないようにボールをしっかりコントロールする。疲労した状態になるとムダな力が抜け、いいフォームでトスを上げられるようになってくるので、疲労してきてから特に頑張るつもりでやる

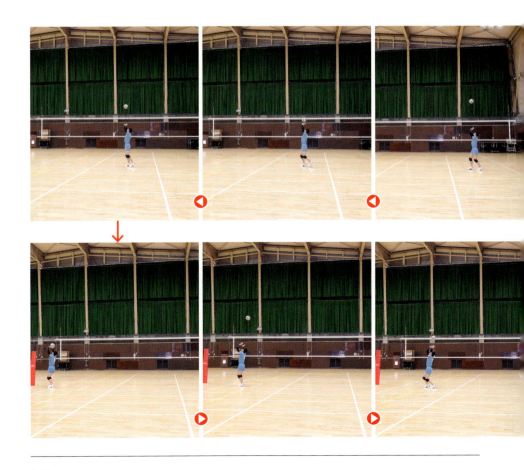

114

⚠ ポイント タッチ回数を決める

同じところをとらえて、同じところに上げるのがトスの基本。これは動きながらでもできなければいけない。この練習では9メートルの間に50回触るというように回数を決めて、それより前に到達してしまったときは、その場で直上パスをするといったように、何度でも正確に上げられるように数をこなすようにする。

❓ なぜ必要？

動きを伴ってもトスできるように

その場で正確にトスを上げることができるようになったら、今度は前後に動きながら直上トスを行う。試合では当然動きながらトスを上げることになるので、動きながらでも正確な直上トスができるようにしておこう。

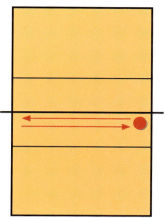

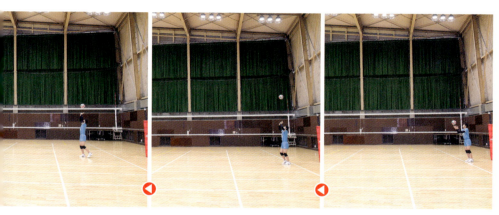

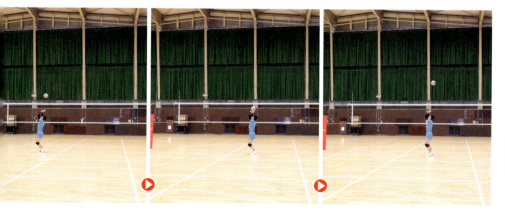

スパイクの練習

試合を想定して複合的に動く

ねらい

Menu 067 連続サイドトス

難易度	★★☆☆☆
回数	10セット

習得できる技能
- ▶ フォーム
- ▶ ボールコントロール
- ▶ 状況判断
- ▶ コンビネーション
- ▶ フォーメーション

やり方

①レフトへハイセット→②レフトへトス→③Ⓒからのボールをレシーブしてレフトへトス→④Ⓒからのボールをレシーブ

❓ なぜ必要？

いろいろな状況からトスを上げる

Menu064の連続トスに動きを加えたのがこの練習。静止した状態でのトスはもちろん大事だが、動きを伴った中でいろいろな状況でトスを上げられるようにする。

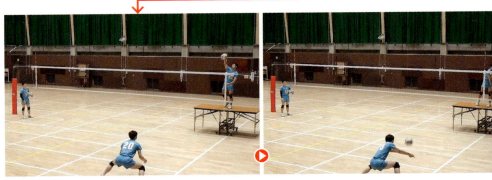

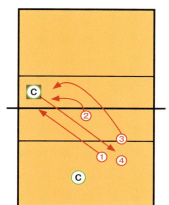

Level UP!
組み合わせを変える

トスのやり方、シチュエーションをいろいろ変える。図のように①Bパスをレフトにトス②Bパスをアンダートス③Ⓒからのボールをレシーブしてそのボールをレフトへハイセット④ライトへハイセットというように、いろいろなバリエーションでトスを上げる。ネットボールを入れるなどしてもいい。

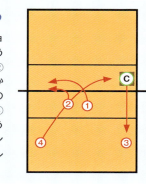

トスの練習

読まれにくいトスを上げる

Menu **068** Bクイック＋サイド

難易度 ★★☆☆☆
時間 10～15分

習得できる技能
▶ フォーム
▶ ボールコントロール
▶ 状況判断
▶ コンビネーション
▶ フォーメーション

やり方

1. Bクイック
2. レフト平行
3. Bクイック
4. ライト平行
※これを繰り返す

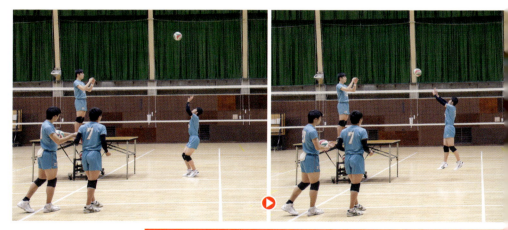

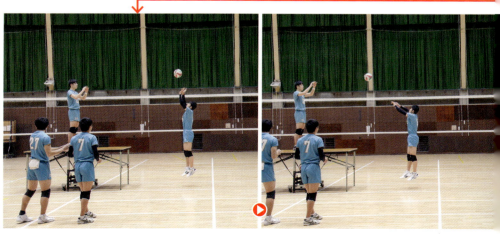

 **ポイント　常に一定のフォームでトスを上げる**

Bクイックとレフト平行のトスを上げるときは前かがみになりやすく、ライト平行はトスを上げる前から後ろに反ってしまう場合が多い。常に一定のフォームでトスを上げるようにしよう。

? なぜ必要?

相手ブロッカーにヒントを与えない

相手ブロッカーはセッターがトスを上げるところを注視している。トスを上げてから体を前後に傾けてもいいが、トスを上げる前はできるだけフォームを一定にして、少しでもブロッカーの判断を遅らせるようにする。

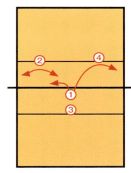

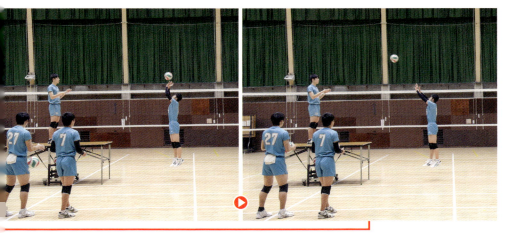

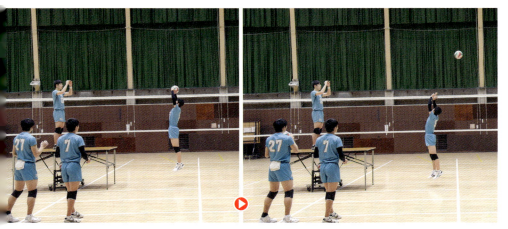

トスの練習

レセプションアタック時の移動

Menu **069** ペネトレートトス

難易度 ★★★★★
回数 各30本×2〜3セット

習得できる技能
▶ フォーム
▶ ボールコントロール
▶ 状況判断
▶ コンビネーション
▶ フォーメーション

やり方

ゾーン1、5、4から移動して、レフト、ライトへトスを上げる

❓ なぜ必要？

回転を伴うトスに対応する

この練習の動きはレセプションアタック時の移動をイメージしている。ゾーン4または5から移動してレフトへトスを上げる場合は、回転動作が入るため、しっかりレフトに正対するようにする。この体の動きを練習で身につける。

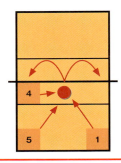

相手ブロッカー、自チームスパイカーを視認する

ローテーションによってはゾーン1、5、4から移動してトスを上げなければならないことがある。この場合、移動しながら回転してレフトに正対しなければならないため相手ブロッカーの状況、自チームのスパイカーの状況などを視認しづらい。

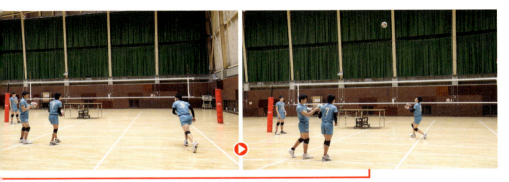

トスの練習

トスの踏み込み方の確認

難易度 ★★★★★
回数 各30本×2〜3セット

習得できる技能
▶ フォーム
▶ ボールコントロール
▶ 状況判断
▶ コンビネーション
▶ フォーメーション

Menu 070 ステップトス（反復）

やり方
少し乱れたパスや後ろにズレたパスの状況をつくり、左・右、左・右・左片足、左・右スピンなど、いろいろな踏み込みでトスを行う

★右・左・右→スピンでライトへ

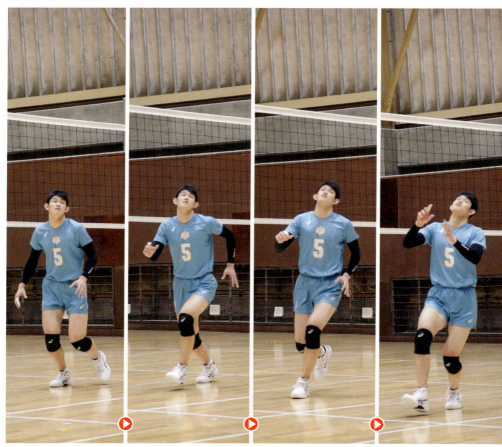

❓ なぜ必要？

状況に応じてステップを変える

試合ではパスが割れたり、後ろにズレたりして、場合によっては片足で上げなければいけない状況もある。練習のなかであえてそうした状況をつくり、いろいろなパターンに応じてステップを変えることを覚える。トスで一番大事なのはレフト方向を向くことだが、試合ではそれだけでは対応できないこともあるので、練習でもさまざまな場面を想定しておく。

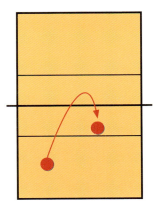

▼トスのステップは左・右が基本だが、写真のように右・左・右からスピンしてトスを上げるような場面も試合では出てくる

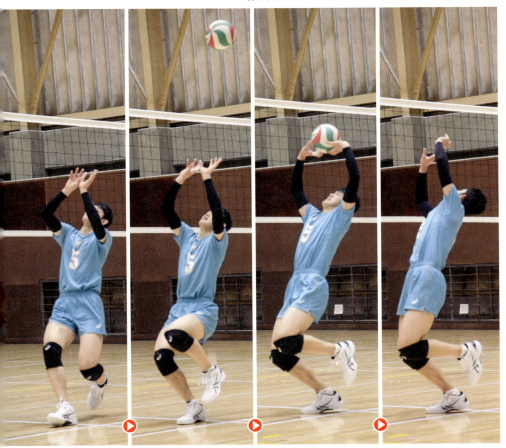

スパイクの練習
トスの踏み込み方の確認

★左・右・左のステップでレフトへ

▲片足で上げなればいけないときでもしっかりレフトへトスを上げる

★左・右→スピンでレフトへ

▲左・右のステップからスピンしてレフトへトス

スパイクの練習

トスの形を上げる直前まで同じにする

Menu **071** 直前コールトス

難易度 ★★★☆☆
回数 30本×2〜3セット

習得できる技能
▶ フォーム
▶ ボールコントロール
▶ 状況判断
▶ コンビネーション
▶ フォーメーション

やり方

トスする直前に「レフト」「ライト」とコールし、セッターはそれを聞いてから指示された方向へトスを上げる。同一姿勢からのトスを目指す

？ なぜ必要？

同じ形でトスを上げられるようにする

トスをどちらに上げるのか自分で決めるのではなく、「レフト」と言われたらレフトに、「ライト」と言われたらライトに上げる。トスの直前までどちらに上げるかわからないため、トスの姿勢が直前まで同じ形ということが習慣づけられる。

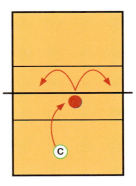

トスの練習

ブロックを外すトスをする

Menu 072 ミドルブロッカーに対応したトス

難易度 ★★★☆☆
回数 30本×2〜3セット

習得できる技能
▶ フォーム
▶ ボールコントロール
▶ 状況判断
▶ コンビネーション
▶ フォーメーション

やり方

相手コートにミドルブロッカー（MB）役が入り、セッターはⒸから出されたボールをレフトかライトへトスする。そのとき、周辺視でMBの姿勢によってトスするコースを考える

❓なぜ必要？

試合では駆け引きも必要だから

大前提としてトスは正確性が大事。しかし、試合では正直に上げるだけでは相手に簡単に読まれてしまう。そこでこの練習ではMB役が低くなったらコミットを跳ぶからサイドに流す、そうではなかったらリードだからクイックに上げるといったように試合で必要な駆け引きを考えながらトスをする。

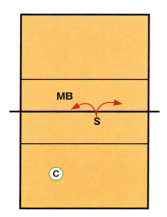

★MBが低くなったところでサイドへ

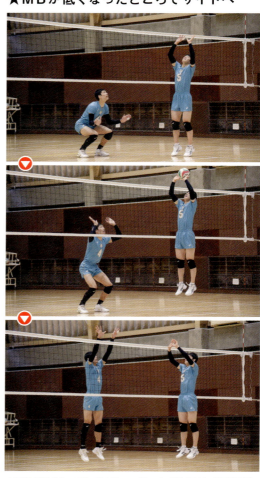

▲MBが低くなっているため、コミットで跳ぶことが予想される。そこでブロックを外すためにサイドにトスを上げる

ワンポイントアドバイス

相手のブロックを予測する

トップレベルの試合になると周辺視でMBのヒザの曲がり具合がわかるセッターもいる。ヒザが曲がっているからクイックを上げない、あるいは低くなっていないからクイックを仕掛けるということもある。練習の中で前にMBの影があったらBをマークしているのでライトに上げる、見えない場合にはAかCをマークしているので、レフトに上げるといったように、相手のブロックを予測しながらトスの練習をすると、さらにレベルアップできる。

★ヒザが曲がっていないので
　クイックに上げる

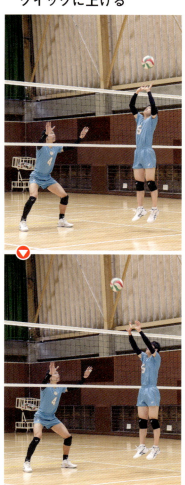

★Bをマークしているので
　ライトへ上げる

トスのポイントまとめ

ここまでトスの練習方法を紹介してきたが、
姿勢や手の形についてここでまとめておこう。

トスの姿勢をチェック

右足軸。同一姿勢でセットアップ

◀ セッターは右足軸。レフトサイドに正対することを意識し、同一姿勢でセットアップできるようにする

前傾しすぎ

体が反りすぎ

トスをするときの手の形と動きをチェック

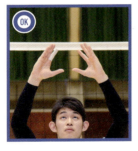

逆ハート型

◀ 構えているときの手の形は三角形ではなく、逆ハート型。両親指が額(おでこ)側

両手のひらが平行

◀ ボールを受けるときに両親指をボール側に立ててしまい、両手のひらが平行になっている

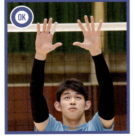

両親指と両人差し指が離れない

◀ トスを上げた後に両親指と両人差し指が離れない

両親指と両人差し指が離れる

◀ トスを上げた後に両親指と両人差し指が離れてしまう

128

第8章
複合練習

複合練習は試合で起こりうる
様々なシチュエーションを想定したもの。
少しずつ実戦に近づけていきながら、
チームとしての連携を高めていこう。

複合練習

試合を想定しつつ難易度を低くしてスパイクを決める

Menu 073　1対4のコンビ

難易度 ★★★★★
時間　約30分

習得できる技能
▶ フォーム
▶ ボールコントロール
▶ 状況判断
▶ コンビネーション
▶ フォーメーション

やり方
ⓒからのサーブをレセプションし、ブロック1やレシーブ3に対してコンビ攻撃を行う。コンビ攻撃を1回決めるまで繰り返す

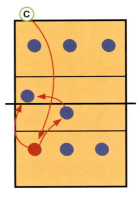

？なぜ必要？

4人のディフェンダーを相手に一人で決める

攻撃者を一人決めて、相手はブロック一人、レシーブ3人の4人入れて、決まるまでずっと打つようにする。本来の試合では相手は6人いるので、そのなかでスパイクを決めなければならない。実際よりも難易度が低い4人のディフェンダーに一人で勝負して、スパイクを打ったら終わりではなく、決めるまでやることが大事。

🖐 ワンポイントアドバイス

≫ ボールが切れるまで継続する

攻撃者が1回目のスパイクを決められずボールが継続した場合には、そこでボールを切らずにラリーを継続する。レセプションからのコンビ攻撃の練習になるだけでなく、ディフェンス及びカウンターアタックの練習にもなる。

複合練習

試合を想定してスパイクを決める

ねらい

Menu **074** 2対5のコンビ

難易度 ★★★☆☆
時　間　約30分

習得できる技能
▶ フォーム
▶ ボールコントロール
▶ 状況判断
▶ コンビネーション
▶ フォーメーション

やり方

Ⓒからのサーブをレセプションし、セッターと2人のスパイカーはブロック2＋レシーブ3に対してコンビ攻撃を行う。レセプションからの攻撃を決めた場合は、Ⓒ2からのチャンスボールでコンビ攻撃を行う。レセプションから1回、チャンスボールから1回、計2回決めたら2人のスパイカーは交代する

？ なぜ必要？

セッターが前衛時の攻撃をイメージする

セッターが前衛のローテーションのときには、前衛スパイカーが2人になる。後衛にバックアタックが打てるスパイカーがいない場合には、スパイカー2人だけでコンビ攻撃を仕掛けなければならない。実際の試合では相手ブロッカー3人のさらに数的不利な状況になる。

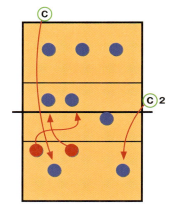

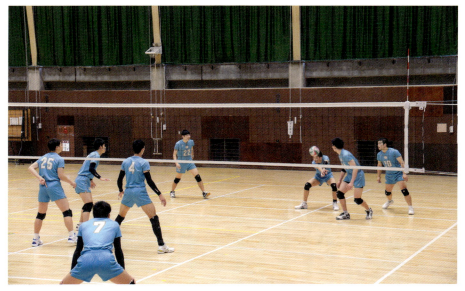

ワンポイントアドバイス

≫ 設定をハッキリさせる

この練習では最初はサーブのレセプション、決めた後はチャンスボールからの攻撃を想定している。これは必ずしも同じでなくてもいい。たとえばAパスのときの攻撃が悪いならAパス、BパスならBパス。あるいはパスが前にズレたときが悪い、バックアタックが悪いなど、課題をみつけたうえで設定をハッキリさせることが大事になる。

複合練習

実際の試合に近づけてスパイクを決める

ねらい

Menu 075 3対6のコンビ

難易度 ★★★☆☆
時間 約30分

習得できる技能
▶ フォーム
▶ ボールコントロール
▶ 状況判断
▶ コンビネーション
▶ フォーメーション

やり方

Ⓒ1からのサーブをレセプションし、セッターと3人のスパイカーでブロック3＋レシーブ3に対してコンビ攻撃を行う。レセプションアタックが決まったらⒸ2からのチャンスボールで2回コンビ攻撃を行う。3本連続で決めたら交代。決められなかったらⒸ1のサーブから再スタートする

なぜ必要？

人数を増やして試合に近づける

Menu073の1対4、Menu074の2対5よりも人数を増やして、相手を実際と同じ6人にして実際の試合に近づけて攻撃を決める練習をする。

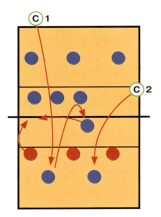

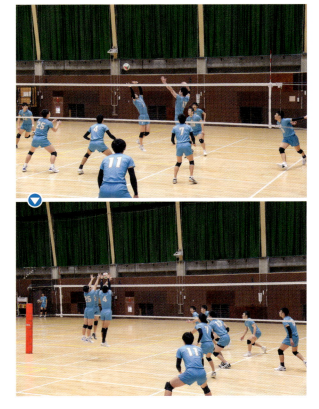

複合練習

ストレスを与えながら攻撃をする

Menu 076 レセプションアタック連続成功

難易度 ★★★☆☆
時間 約30分

習得できる技能
▶ フォーム
▶ ボールコントロール
▶ 状況判断
▶ コンビネーション
▶ フォーメーション

やり方

Bコートからサーブを打ち、Aコートはレセプションアタックを3本連続で決められたら1ローテする。6ローテしたらクリア。ただし、2本連続で失敗したら逆ローテする

なぜ必要？

ストレスがかかる中でも決めていく

6ローテするまで続くため、得意なローテーションから始めるのか、苦手なローテーションから始めるのかなど、考える必要もある。レセプションアタックはラリーが続いたとしても成功とカウント。ただし、2回連続で失敗すると逆ローテという条件をつけることで、進めないストレスが生じる。こうしたなかでもしっかり決められるようにする。また、何度も失敗するローテーションがあったら、そこがチームの弱点だと認識することもできる。

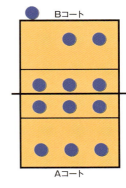

135

複合練習

攻守の切り替えを習慣づける

ねらい

Menu 077 攻守切り替え

難易度 ★★★★☆
時間 約30分

習得できる技能
▶ フォーム
▶ ボールコントロール
▶ 状況判断
▶ コンビネーション
▶ フォーメーション

やり方

1. Aコートは©1からサーブを受けてレセプションアタックを試みる
2. Aコートからのボールがネットを越えたらただちに©2からのボールがセッターに入り、Bコートからのカウンターアタックがくる
3. Aコートのプレーヤーは攻→守の切り替えを素早くしてディフェンスする

? なぜ必要?

チームの基礎、形をつくる

バレーボールはネットを挟んでどちらか一方が攻撃で、どちらか一方が守備に切り替わり、ボールを保持することができない。ボールの切り替わりどころがネットであり、越えたらディフェンスに切り替わるという部分を習慣づける練習になる。こうした習慣づけにより、チームの基礎、形をつくり、カウンターアタックのための準備にもなる。

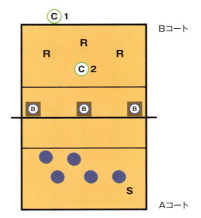

複合練習

ねらい：ディフェンスの課題、カウンターアタックの課題をクリアしていく

難易度 ★★★★★
時間 約30分

習得できる技能
- ▶ フォーム
- ▶ ボールコントロール
- ▶ 状況判断
- ▶ コンビネーション
- ▶ フォーメーション

Menu 078 ブロックBOX

やり方

Aコートに6人入り、Bコートの台上ⓒから打たれるボールをブロック、または切り返しの攻撃を試みる。Aコートからの攻撃のときには、Bコート側はブロック板を用意し、攻撃を阻止する。5ポイントとるまで、または20本中5ポイントとるまでなど、設定して練習する

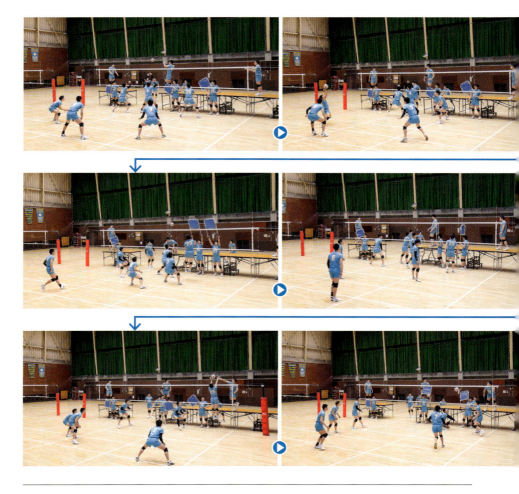

138

? なぜ必要?

ディフェンスとカウンターの練習

台上からコーチが打つと自チームの弱いところに打てるので、ディフェンスの練習になる。それを拾っての切り返しは、必ずバックアタックで攻撃する、あるいはサイドゾーンから攻撃する、中央ゾーンから攻撃するなど、テーマを決めて行うと、カウンターアタックの課題解決にもつながっていく。

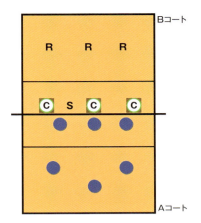

その他の複合練習

これから紹介する3つの複合練習は設定によって
ストレスをかけながら行うことがポイント。

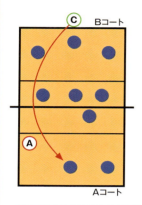

Menu 079 1対6クリア

やり方

1. ⓒのサーブから始める
2. Ⓐは6人のディフェンスに対してスパイクを決める
3. ラリーが継続したら3対6の形でプレーする

※ 21対24からスタートし、Aコート側が勝つまで実施する
（得点設定はチームの状況に合わせて変化させる）

Menu 080 アイアンマンゲーム

やり方

1. Aコート、Bコートともにスパイカーは一人（アイアンマン）
2. 25点制ラリーポイント（得点は、スパイクポイント＝＋1、ミス＝－1、ディグ成功＝＋1）
3. コーチからのチャンスボールでラリー開始。ラリーに負けた側に次のチャンスボールが入る

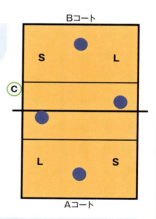

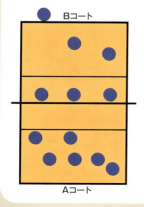

Menu 081 ウォッシュゲーム

やり方

チームの目標応じてラリー内容やスタート得点を決める。
例）①Aコート＝レセプション攻撃
　　②Bコート＝ハイセット攻撃
　　③Aコート＝レセプション攻撃
Aコートは上記の3つのラリーすべてとって1ポイント、Bコートは2つとって1ポイント。これ以外はウォッシュで、ウォッシュは4回でAコートに1ポイント

第 9 章
スキルアップ練習

スキルアップ練習は運動量も必要とするため、
ウォーミングアップも兼ねることができる。
ボールに触れてボールコントロール力を高めながら、
体を温めよう。

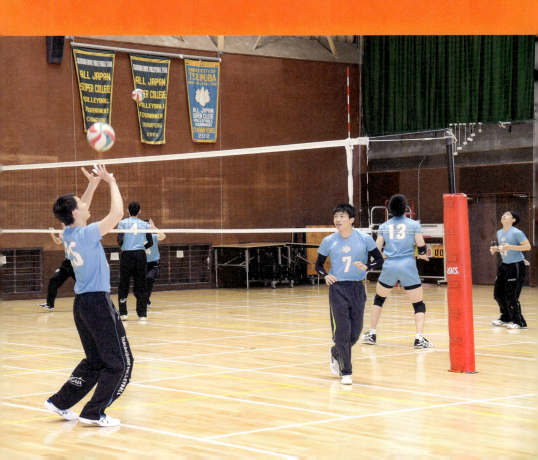

スキルアップ練習

ウォーミングアップから
ボールに触れる

ねらい

Menu 082 2人組移動パス

難易度 ★☆☆☆☆
時間 5～10分

習得できる技能
▶ フォーム
▶ ボールコントロール
▶ 状況判断
▶ コンビネーション
▶ フォーメーション

やり方

2人組になって以下の種類の移動パスを行う。
1. オーバーパス
2. ジャンプオーバーパス
3. シングルオーバーパス
4. 低アンダーパス
5. シングルアンダーパス

なぜ必要？

ボールに触れながら体を温める

ウォーミングアップはダッシュなどで体を温めているチームも多いと思う。学生は技術力を高める必要があるが、どうしても練習の時間は限られている。そこでウォーミングアップの段階からボールに触れることがこの練習のねらい。ボールの扱い方を練習しながら、同時に体を温める。

ポイント 移動スピードを一定に

お互いの移動距離を予測してパスを出し、移動スピードを一定に保つ。

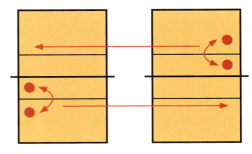

スキルアップ練習

ウォーミングアップから
ボールに触れる

ねらい

Menu **083** 3人組移動パス

難易度 ★★★☆☆
時間 5～10分

習得できる技能
▶ フォーム
▶ ボールコントロール
▶ 状況判断
▶ コンビネーション
▶ フォーメーション

やり方

3人組になって以下の種類の移動パスを行う。
1. オーバーパス
2. シングルオーバーパス
3. シングルアンダーパス

往復するまでボールを落とさないようにする

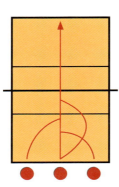

◀ パートナーの動いているスピードから移動距離を先読みしてパスボールを出し、全体の動きが止まらないようにする

★オーバーパス

144

★シングルアンダーパス

★シングルオーバーパス

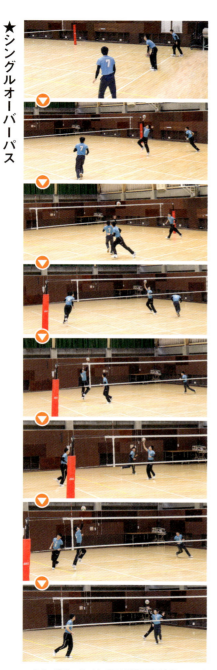

▲ シングルハンドパスは難易度が高いので、まず18mボールを落とさないで続けることを目指す。ボールがつながるようになったら、移動のときに必ずサイドラインを踏むようにして難易度を上げる

145

スキルアップ練習

ゲーム性を含めた
ウォーミングアップ

ねらい

難易度 ★★☆☆☆
時間 5〜10分

習得できる技能
▶ フォーム
▶ ボールコントロール
▶ 状況判断
▶ コンビネーション
▶ フォーメーション

Menu **084** クリスクロス

やり方

1. Ⓐは①でパス。次にⒷが②でパス
2. Ⓒが③でパスをしてクイックに入る
3. Ⓐは④でクイックのレフト平行にトスする
4. レフト平行の場合にはⒷがスパイク

❓ なぜ必要？

ゲーム性を入れながら体を温める

試合のなかで実際にあるような動きを取り入れながらウォーミングアップする。スパイカーもセッターをし、セッターもスパイクを打つなど、いつものポジション以外のプレーも行う。

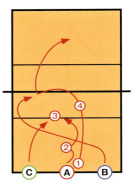

▲最終的には全員がクイックトス、平行トスを上げられるようになることを目指して行う

スパイクの練習

ウォーミングアップから
ボールに触れる

難易度 ★★★☆☆
時間 5～10分

習得できる技能
▶ フォーム
▶ ボールコントロール
▶ 状況判断
▶ コンビネーション
▶ フォーメーション

Menu 085　3人組ボール2個移動パス

やり方
1. ＡとＢがボールを持つ
2. ＡはＢ、ＢはＣに同時にボールを投げる
3. ＡとＢ、ＢとＣの組み合わせでＢコートのエンドラインまで運ぶ

？ なぜ必要？

難易度を高めたウォーミングアップ

2人組、3人組の移動パスと同じく、ボールに触れながらウォーミングアップする。ボールを2つにして3人で動かすので、より正確性が求められ、Menu082 や Menu083 よりも難易度が高くなる。ＡとＢ、ＡとＣとのパスボールのリズムを合わせないと継続できないので、お互いのパスリズムを感じとりながらパス軌道を調整して行う。

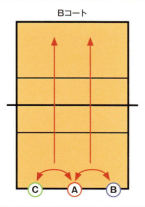

147

スキルアップ練習

ブロックとレシーブの「縦」の関係を学ぶ

難易度 ★★☆☆☆
時間 10分〜15分

習得できる技能
▶ フォーム
▶ ボールコントロール
▶ 状況判断
▶ コンビネーション
▶ フォーメーション

Menu **086** バウンドスタート2対2（3m×9m）

148

やり方

1. ⒶはバウンドでⒷにボールが届くように床に打ちつける
2. その後、ⒶはⒷからのパスをトスするために反対コートのネット際まで走る
3. ⒶとⒷ、ⒸとⒹという2対2でボールが切れるまでプレーする
4. Ⓐ→Ⓑ→Ⓒ→Ⓓ→Ⓔの順に交代する

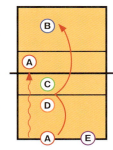

ポイント

「縦」の関係を学ぶ

Ⓐの選手は床にバーンと強く打つことで肩慣らしにもなる。また、その後にネット際まで走っていくので息上げの効果もある。横3m、縦9mの縦長のコート幅に限定しているので、ブロックとレシーブの「縦」の関係を感覚的に学ぶことができる。

スキルアップ練習

フロントゾーンでのボール処理

ねらい

Menu 087 ドライブスタート2対2（9m×3m）フロントゾーン

難易度	★★★☆☆
時間	10分〜15分

習得できる技能
- ▶ フォーム
- ▶ ボールコントロール
- ▶ 状況判断
- ▶ コンビネーション
- ▶ フォーメーション

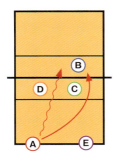

やり方

1. ⒶはドライブをかけてⒷに打つ
2. その後、AはⒷからのパスをトスするため反対コートのネット際まで走る
3. ⒶとⒷ、ⒸとⒹの2対2でボールが切れるまでフロントゾーンでプレーする
4. Ⓐ→Ⓑ→Ⓒ→Ⓓ→Ⓔの順に交代する

❓ なぜ必要?

フロントゾーンでのボール処理を身につける

アタックライン内のフロントゾーンに限定したコートで行うので、フロントゾーンへの軟打のボールコントロール力、及びフロントゾーンでのボール処理能力を身につけることができる。

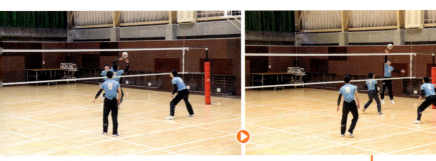

スキルアップ練習

ゲーム感覚で遊びながらウォーミングアップ

ねらい

難易度 ★★★☆☆
時間 10分〜15分

習得できる技能
▶ フォーム
▶ ボールコントロール
▶ 状況判断
▶ コンビネーション
▶ フォーメーション

Menu **088** バウンドスタート3対3
（6m×6m）

やり方

Menu086のバウンドスタート2対2から1人ずつ増やした形。Ⓐがバウンドボールを打った後、相手コートに移動してⒷからのパスをトス。以後、3対3でボールが切れるまでプレーする。Ⓐ→Ⓑ→Ⓒ→Ⓓ→Ⓔ→Ⓕ→Ⓖの順で交代する

! ポイント

試合に直結しやすい

3対3はバレーボールの基本的な構造が含まれているので2対2よりも試合に直結しやすい。

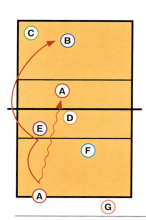

152

スキルアップの練習

ゲーム感覚で遊びながらウォーミングアップ

ねらい

Menu 089 ドライブスタート3対3
（9m×4.5m）

難易度 ★★★☆☆
時間 10分〜15分

習得できる技能
▶ フォーム
▶ ボールコントロール
▶ 状況判断
▶ コンビネーション
▶ フォーメーション

やり方

Menu087のドライブスタート2対2から1人ずつ増やした形。Ⓐがドライブをかけて打った後、相手コートに移動してⒷからのパスをトス。以後、3対3でボールが切れるまでプレーする。Ⓐ→Ⓑ→Ⓒ→Ⓓ→Ⓔ→Ⓕ→Ⓖの順で交代する

ポイント　ボールコントロールを高める

2対2、3対3で行う場合もコートの広さを限定しているので、高いボールコントロール力が必要。チームのレベル、目的に応じてコートの広さをアレンジする。

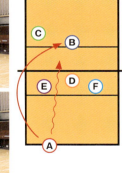

スキルアップ練習

ゲーム感覚で遊びながらウォーミングアップ

ねらい

難易度 ★★★☆☆
時間 10分〜15分

習得できる技能
▶ フォーム
▶ ボールコントロール
▶ 状況判断
▶ コンビネーション
▶ フォーメーション

Menu 090 ワンコンタクト（ボール2個）

154

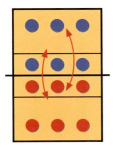

やり方

各コートに6人ずつ入って、それぞれのコートから下から両手投げ入れでスタート。ワンタッチで相手コートにボールを返すようにしてラリーする。

⚠ ポイント　条件を加えて難易度を上げる

ワンコンタクトの条件を①アンダーのみ、②オーバーのみ、③両方ありというように条件を加えることで難易度が増す。ミカサのボールはオーバーのみで、モルテンのボールはアンダーのみなど、より難しい条件でラリーをすると練習の効果が高まる。この練習ではボールから目を離し（目切り）相手チームの状況を確認する必要が出てくる。

スキルアップ練習

ゲーム感覚でボール使いながら体を温める

ねらい

Menu **091** バガーゲーム

難易度	★★☆☆☆
時間	10分〜15分

習得できる技能
▶ フォーム
▶ ボールコントロール
▶ 状況判断
▶ コンビネーション
▶ フォーメーション

やり方

1. 各コートに4〜5人がスタンバイする
2. ワンコンタクトで相手コートに返球したら後ろに並ぶ（これを繰り返す）
3. ラリーすることが目的ではないので相手が返球しにくいところをねらう

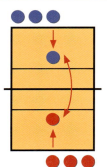

> **!ポイント**
> ### 相手との駆け引きを楽しむ
> わざとモーションを大きくしたり、向いた方向と反対に返球したり、相手から返球されたボール、相手の状況を見て、相手コートのどこに「穴」があるのかを感じとる。相手との駆け引きを楽しみながら行いたい。

> **!ポイント**
> ### 目的に応じてアレンジする
> 目的に応じてコートの広さをアレンジしたり、オーバーパスのみ、アンダーパスのみ、両方ありなど、ルールを決めたりしてアレンジする。5ポイント先取したチームが勝利というようにゲーム性を高めることで、より練習の効果も高まる。

スキルアップ練習

ゲーム感覚でボール使いながら体を温める

Arrange

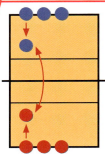

2コンタクトバガーゲーム（ストレート）

Menu091のバリエーション。1コンタクト目はトスで2コンタクトは打って返す（ジャンプ可）というように、2コンタクトでボールを返球する。時間や得点で区切るようにする。レシーブしたボールをそのまま打って返すので、高いボールコントロール力が求められる。ストレートにボールを正確に打つ。

158

Arrange

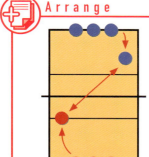

2コンタクトバガーゲーム
（クロスコート）

Menu091のバリエーション。158ページ同様、2コンタクトでボールを返球。158ページはストレートだったが、こちらのバージョンはクロスコートで行う。写真は両コートともにレフトサイドからクロス方向へのボール返球の連続になるが、右利きスパイカーはライトサイドから打つことが苦手な場合も多いので、ライトサイドからクロス方向に打つパターンも行うと良い。どのチームも練習時間が限られていると思うので、ウォーミングアップの時間も上手に使い、少しでもチーム技術が向上するように工夫したい。

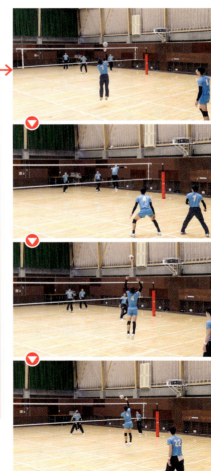

159

バレーボール Q&A

その三

バレーボールに関する素朴な疑問に秋山先生に答えてもらおう。

Q サーブミスが多い選手にはどんなアドバイスをしたらいいでしょうか?

A みんないいサーブを打つ練習はするのですが、サーブを入れる練習はあまりやらないと思います。サーブミスの解消法はここにヒントがあると思います。相手を崩すいいサーブや、ポイントを取れるサーブ、目的を持ったサーブの練習も大事なのですが、サーブを確実に入れるという練習も大事だと思います。だからサーブミスが多い選手へのアドバイスとしては、細かいことを言うよりも「真ん中に打ちなさい」と言うのがいいのではないでしょうか。たとえばジャンプサーブが入らない場合は、トスなのか、スイング軌道なのか、ジャンプなのかなど、その原因を見極める必要があります。トスが原因ならばMenu045、ジャンプが問題ならばMenu047など、解決方法はあります。そうした原因を見極めることと合わせて、まずはサーブを入れることに重点を置いて練習するのがいいでしょう。

Q キャプテンに向いているのはどんなタイプの選手でしょうか?

A バレーボールの実力がある選手は意見を言いやすいところはあると思いますが、それだけがキャプテンの条件だとは思いません。自分で努力することができる人、周囲に目を配れる人、意思が強い人、人のために何かをできる人…そういったことができる選手であることは大事だと思います。実力はあったとしても、こうしたことができない選手は、むしろ向いていないと言えるでしょう。筑波大学ではまずは学年で誰がキャプテンにいいかというのを決めるようにしています。キャプテンが決定したら、「これでいきます」ということを4年生が私に話にきます。この選び方で、これまでは大きく人選がズレたことはほとんどありません。私がこの選手が相応しいと思っている選手が、同学年のメンバーからも推薦されることが多いです。キャプテンは監督が指名するというのもいいですが、みんなから慕われている選手をメンバーが選ぶというのがいいと思います。

第 10 章

チームづくりと年間計画

チームがどこを目指して進んでいくべきなのか？
目標を設定してそこにたどり着くためにはどんな練習が必要なのか？
ここではチームつくりの考え方と
年間計画を紹介していく。

チームづくりと年間計画

チームづくり①
目的と目標を明確にする

　チームづくりをしていく上で大切なこととは何でしょうか？　チームとしての課題が何かということを考えることはもちろん大事です。しかし、それは目指すべき目的があってこそのこと。チームがどこを目指すかという目標を明確にすることが、チームづくりの第一歩となります。

　中学生、高校生、大学生、企業チーム……。カテゴリーによって、チームの目的というのは当然変わってくると思います。たとえばプロのチームであれば、最優先目的は当然勝つことになるでしょう。これが企業チームの場合には、社員の士気高揚というものが求められるかもしれません。

　学生スポーツの場合は、社会に出ていくための人間力を高めるという目的もあると思います。そのために結果としての目標を設定することになると思

いますが、そのレベルもチームによって、まったく異なります。

　地区大会での優勝を目標とするチーム、県大会での優勝を目標とするチーム、全国のベスト8を目標とするチーム、そして全国優勝を目指すチーム。それぞれが目標を明確にした上で、そのためにはどんなチームをつくっていく必要があるのかを考えます。

　たとえば自分のチームが中位くらいだとしたら、何が劣っているから上位にいくことができず、何が優れているから下位に甘んじることはないのか、現状を把握することが大事になります。練習メニューを組む前に、そうした市場調査をする必要があります。

　コンビニエンスストアにしても、お店を出す前には必ず市場調査をします。老人が多い地域に若者が喜ぶ商品を陳列しても、それでは売れないでしょうし、ビジネス街に位置するコンビニであれば、そこで売れる商品を調査し、仕入れなければなりません。

　ニーズをしっかり理解すること。何が必要だから、何をしなければいけないのか。これが練習メニューの考え方の基本となります。学生スポーツの場合は、期間も決まっているので、その期間の中でどこまでの高さの山を登るかという設定も大事になってきます。

163

チームづくりと年間計画

チームづくり②
4つの山をつくる

　それでは実際にどのように山を登っていくのか考えてみましょう。

　大学生の場合は、年間最大の山、一番の目標となるのではインカレです。ただし、インカレ一本に絞ってピークを持ってくるというわけにもいきません。春のリーグ戦で、インカレのシード権がかかってくるため、ここで山をつくる必要があります。

　もっと言うならば、大学生では4つの山をつくらなければなりません。春のリーグ戦、東日本インカレ、秋のリーグ戦、全日本インカレの4つです。山のつくり方もいつも同じというわけにはいきません。それぞれ大会までの準備期間が異なるからです。

　春のリーグ戦までの期間が、一番長く準備期間をとることができます。前年の12月に全日本インカレが終わると、1月から新チームが始動します。ここから春のリーグ戦まで3カ月の準備期間があるため、チームの基礎をしっかりつくっていきます。

　春のリーグ戦が終わってから東日本インカレまでの期間は、約1カ月しかありません。ここでは春のリーグ戦前と同じ準備はできないので、リーグ戦で

見えた課題をクリアすることを中心に調整していきます。

　二番目に準備期間を長くとれるのが、秋のリーグ戦前になります。約2カ月あるため、ここでもう一度チームを立て直します。

　秋のリーグ戦から全日本インカレまでは1カ月くらいしかないため、春同様、リーグ戦で見えた課題の修正が中心になってきます。

　このように4つの山に向かうにあたっての準備期間が異なるため、すべて同じ準備というわけにはいきません。与えられた時間と課題を整理しながら、取り組んでいくことになります。

　大学生の場合は、4年生が卒業して新1年生が入ってくるため、毎年必ずチームが生まれ変わります。そのため、去年のチームでは良かったやり方が、必ずしも今年のチームにも当てはまるわけではないというのも、チームづくりを難しくする部分です。

　試合の直前までゲーム練習をしたほうがいいときもあれば、1週間前から調整に入って点数をつけたゲーム練習はやらないほうがいい場合もあります。ゲーム練習をしないと気持ちが緩んで

しまう年代もあったりします。選手が入れ替われば、毎年チームの特性は変わります。

最大の山である最後の全日本インカレまでに、そのチームがどういうタイプなのかを見極めることがとても重要です。春の準備期間や、その後の試合結果を踏まえて、どうしたら一番力を発揮できるのか、最良のパターンを見つけることが、ピークをうまくもっていくことにつながります。

スキルアップ練習

チームづくり② 4つの山をつくる

【年間スケジュール】

月	期分け	大会や合宿	学校行事	備考
12月	試合期	全日本インカレ		
		天皇杯	冬休み	
1月	準備期・鍛錬期		学年末テスト	新チーム始動
2月 下旬	↓			トレーニング 中心の練習
			春休み	ゲーム形式練習
3月	準備期		↓	他大学との 練習試合
4月	試合期	春季リーグ戦		
5月	↓	↓		
6月 下旬	準備期			リーグ戦の 課題修正
	試合期	東日本インカレ		
7月	準備期・鍛錬期		前期テスト 夏休み	
	↓			秋のリーグ戦 向けて強化
8月	↓	夏期合宿		
9月	試合期	秋季リーグ戦		
10月	↓	↓		
11月	準備期			リーグ戦の 課題修正
12月	試合期	全日本インカレ		
		天皇杯		

チームづくりと年間計画

チームづくり③
時期ごとの練習

　今度は時期ごとの練習について考えていきましょう。

　前年12月の全日本インカレが終わり、年が明けて1月から新チームが始動。3月までが準備期間となります。

　1月はトレーニング期になります。ウエイトトレーニングやランニングといった基礎体力づくりのメニューが多くなってきます。大学生とはいえ、1年間のシーズンを終えると故障者も出てくるので、正月明けはトレーニングをさせながら回復させていきます。

　1月から2月中旬まではゲーム形式の練習は行わないようにしています。これまでに紹介してきたレシーブの基本的な形や、ボールコントロールやスキルアップ系のメニューは、取り入れますが、体を回復させることと、鍛えることがこの時期のテーマとなります。

　2月の半ばくらいからはゲーム形式の練習を少しずつ入れていき、チームづくりが本格化していきます。3月に入ってからは練習試合をやっていきます。大学に来てくれるチームと対戦したり、あるいはこちらから赴いていって試合をしてもらったりして、チームの形をつくっていきます。

　これはあくまでも自チームの場合ですが、これまでは比較的早くからゲームを入れて、チームをつくっていました。しかし、思ったよりも早くチームができるという印象があり、ゲーム形式を取り入れるのが早すぎると、選手が痛んでしまうこともありました。前述したように選手が入れ替わるため、いつも同じ結果になるとは限りませんが、そうした状況が続いたこともあって、現在はゲーム形式を取り入れるのは、2月中旬からにしています。

167

チームづくりと年間計画

チームづくり④
試合期の練習

　春のリーグ戦が行われる４～５月は試合期。１～３月とは当然練習メニューが変わってきます。

　試合は基本的に土曜日、日曜日の開催です。そのため、月曜日はオフとして、自主練習の日にしています。自主練習といっても実際は強制という場合もあるかもしれませんが、筑波大学の場合は完全な自由練習です。試合に出場しないメンバーは出てきてやっていますし、試合に出場している選手でも、必要だと思った練習に取り組んだりしています。

　火曜日からは全体練習になり、ボールコントロールとウエイトトレーニングが中心。水曜日に息を上げる練習をします。チーム練習も行いますし、試合期ではこの日が一番きついメニューでの練習になります。

　木曜日はチーム状況によって内容が変化します。基本的には試合に向けて強度を落としていきますが、チームの状態を見て、軽くしないほうがいいと判断した場合は、通常の練習を行うときもあります。

　金曜日はコンビ練習を行います。試合の前日なので、ハードにやるという

よりは確認の意味合いが大きく、練習時間としては短時間で終わるようにしています。これももともとこうしていたわけではありません。以前は、試合前日ということもあって、金曜日はレセプション練習だけにしたり、ほとんど練習をしないという時期もありました。しかし、ここ１、２年は金曜日にコンビ練習をやったほうが、土日の試合がいい状態でできていると感じているので、このようにしています。とにかくチーム状況によっての見極めが大切です。

　春のリーグ戦が終ると、６月の終わりに東日本インカレが開催されます。この間は期間が短いため、リーグ戦を振り返ってみて、そこで見付かった課題を調整していく時間となります。

〔試合期の練習スケジュール〕

曜　日	練習内容
月曜日	オフ（自主練習）
火曜日	ボールコントロール、ウエイトトレーニング ※場合によっては試合の課題解決
水曜日	チーム練習、息を上げる練習
木曜日	チーム状況によってハードにやるか軽めにやるか決定
金曜日	コンビ練習、レシーブ練習など
土曜日	試合日
日曜日	試合日

チームづくりと年間計画

チームづくり⑤
最高の状態で目標の大会に臨む

　9〜10月の秋のリーグ戦を前にした、7、8月は1〜3月に続き、試合に向けて長い準備期間があります。7月は大学の試験があり、それ以降は夏休みに入るため、合宿も行います。本当は春の準備期間にも合宿を行いたいのですが、金銭的な問題もあるので、春は大学内での練習にしています。

　夏の練習は連日のように気温が30度を超えるため、選手のコンディション面も考慮しなければなりません。体育館には空調設備がなく、トレーニングルームにはエアコンがあるため、暑さや肉体の疲労具合を見ながら、トレーニングルームでの練習を取り入れたりということもあります。

　また、夏場はレシーブ練習にしても、フライングやダイビングは禁止というように、練習効率を考えたルールを決めています。

　秋のリーグ戦から12月の全日本インカレに向けての試合期の練習メニューは、基本的に春と変わりません。ただ、修正の仕方は春と秋では違ってきます。

　春は新チームがスタートしてすぐであり、まだチームの特徴、カラーが明確に見えてきていない部分もあります。そのため、ミスを減らす緻密さを求めることはあまりしません。この時期は豪快さや大きさ、ダイナミックさを求めて、チームの風呂敷を広げる、器を大きくするということが必要だと考えています。

　チームづくりがスタートして間もない春先から、失点やエラーばかり気にしていると、スケール感が小さくなってしまいます。まずはチームの器を大きくすることを考えたらほうがいいと私は思っています。

　しかし、秋は違います。春のリーグ戦、東日本インカレと戦ってきて、チームのカラーも固まりつつあります。最大の目標である全日本インカレに向けて、100点を目指していかなければいけないので、プレーの精度を上げるための細かい修正が必要です。精度を高めて最高の状態で全日本インカレに臨めるチームをつくることが、年間を通して大事なことになります。

バレーボール Q&A

その四

バレーボールに関する
素朴な疑問に秋山先生に
答えてもらおう。

Q データの分析はどれくらい重要でしょうか？

A データ分析ソフトを使って分析しているチームはたくさんあります。上のカテゴリーにいくと分析は必要なことだと思います。ただ、これは大学生でも言えることなのですが、相手の分析だけでなく、自チームの分析がとても大事だと思います。「分析」というと、パソコンを使ってやらなければいけないと思うかもしれませんが、そんなことはありません。手計算でも手書きでもいいのですが、自分たちのチームの何が良くて、何が良くないのかを、しっかりと把握することです。相手チームの分析をして、戦術的な対策をすることはもちろん大事です。しかし、自チームが崩れているとしたら、いくら相手を分析してもうまくいきません。中学生や高校生のカテゴリーではトップカテゴリーと比べると、プレーの習熟度が低かったり、チームの完成度が低かったりするので、そういった場合には相手チームよりも自チームの分析に時間を割いたほうがいいと思います。

Q 選手の性格によって ポジションの適性はあると思いますか？

A これはあると思います。たとえばセッターなら、人徳というか、コミュニケーション能力がある選手。セッターはトス能力や組み立ての能力の高さも大事ですが、野球で言うキャッチャーや、監督に近いポジションだと思うので、技術だけではいけません。仲間と一緒にコンビをつくったり、調子の悪いアタッカーを乗せて動かしたり、試合が始まる前に何枚手札を用意できるかという部分も大事なのです。そのため、試合中だけでなく、日頃から人を惹きつける魅力がある人に向いていると言えるでしょう。アタッカーの場合は勝負どころで引いてしまうような優しい性格だと難しいと思います。点数を取りにいくポジションなので、勝気な性格のほうが向いているでしょう。とくにサイドはレセプションも必要なので、ねらわれてもへこたれない、精神的なタフさも必要だと思います。

Q トップレベルのチームでも基礎練習はどれくらい必要ですか？

A どのくらいというのは、各選手の技術の習熟度によっても違ってくると思います。バレーボールはボールを保持できないので、いい意識を持ってプレーする時間が長ければ長いほど、プレーの精度は高くなります。キャリアのある選手ほどプレーが安定して、習熟度も高くなりますが、Vリーグの監督をやっていたときも、プレーの習熟度が高い選手と低い選手がいました。全体としてカテゴリーが高いほうが習熟度は高いと思うのですが、それは個人によっても違うと思います。大学でも3日間休みがあって、休み明けでもそれほどプレーが変わらない選手がいる一方で、1日でも休んでしまったら急にプレーの質が落ちてしまう選手もいます。ですから基礎練習をやらなくてもプレーが悪くならないかどうかを見極める必要があると思います。各チームで基礎練習はあると思いますが、それをやらずにゲームばかりやっていると、確実にプレーは悪くなってしまいます。だとしたらどれくらいの頻度で基礎練習をやる必要があるのか、見極める必要があります。チームとしてだけでなく、個々人でもそれは大事です。つまり、どのレベルでもプレーの質を保つための基礎練習は必要なものです。

CONCLUSION
おわりに

　私がバレーボールを始めたのは中学生のときのこと。このときの顧問は、バレーボール経験はなく、柔道が専門の先生でした。経験はなくても熱意のある先生で、前任校ではバスケットボール部の顧問としてチームを全国大会に導いたほどでした。柔道の有段者ということもあって、厳しく怖い先生でもありましたが、同時に指導に対しての情熱は大きく、有意義な時間を過ごすことができました。

　中学時代に限らず、私は一貫して指導者に恵まれてきたと思っています。高校時代は身長が大きいからミドルブロッカーと決めつけられることもなく、レセプションもすれば、センターからのブロード攻撃など、いろいろなプレーをやらせてもらいました。大学時代は厳しい先生でしたがとても哲学的であり、いろいろな影響を受けました。良い先輩や仲間にも恵まれ、大変厳しくもいい環境を与えてもらいました。

　プレーヤーとして大きかったのは、中国人の監督の指導を受けたことです。この監督には、「考えること」を教わりました。バレーボールの考えるポイントを細かく指摘され、そのときに改めてバレーボールは面白いと感じました。

　そして自分のチームづくりの文化的背景の軸となっているのは、東レがまだあまり強くない時代に監督を長く務め、東レの創世記に今の東レの土台をつくった方の教えです。現在、私が学生たちに話すことの文化的背景には、この方の教えがあります。

　「はじめに」でも書いたように、私はたくさんの指導者の先生方から学びながら、指導してきています。勉強してきたことから発展させることで、練習のメニューは数多く考えることができますが、チームをつくる上で大切なことは目的と目標、そして熱意だと思っています。偉そうな言い方になってしまいますが、明確な目的と目標設定、そして情熱と愛情は不可欠だということをこれまでの指導の中で実感してきました。

　指導者が選手を育てる、うまくするということは、実際にはできないと思っています。選手は自分で気づいて、自分で練習して、自分で上達していくものです。指導者はそのための後押しをする、選手たちをなんとかしたいとエネルギーを注ぎ工夫することが何よりも大切なのではないでしょうか。今後もバレーボールを探究しながら、指導していけたらと思います。

秋山　央

173

著者&チーム紹介

著者
秋山 央 あきやま・なかば

筑波大学体育系助教、博士(コーチング学)。筑波大学時代に、U-21日本代表メンバーとしてジュニア世界選手権で準優勝。卒業後、東レ・アローズに入団。99年までMBとしてプレーし、全日本にも選出された。引退後、U-20男子日本代表コーチを経て、筑波大学男子バレーボール部コーチとして全日本インカレ優勝。その後、東レのコーチとしてVリーグ初優勝、黒鷲旗優勝に貢献し、2009年より東レ監督に就任、チームをVリーグ準優勝、黒鷲旗優勝に導いた。現在は筑波大学男子バレーボール部の監督として全日本インカレ優勝1回、準優勝2回を成し遂げ、2014年からは全日本男子チームのコーチも務めた。昨年は、ユニバーシアード日本代表男子チームのコーチとして銅メダル獲得に貢献している。

撮影協力　筑波大学男子バレーボール部

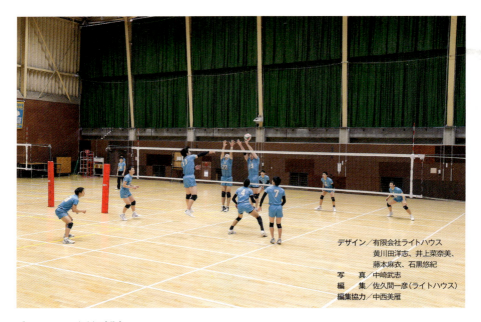

デザイン	有限会社ライトハウス
	黄川田洋志、井上菜奈美、
	藤本麻衣、石黒悠紀
写 真	中崎武志
編 集	佐久間一彦（ライトハウス）
編集協力	中西美雁

身になる練習法

バレーボール　技術を磨く筑波大メソッド

2018年6月30日　第1版第1刷発行

著　　者／秋山 央

発 行 人／池田哲雄
発 行 所／株式会社ベースボール・マガジン社
　　　　　〒103-8482
　　　　　東京都中央区日本橋浜町2-61-9 TIE浜町ビル
　　　　　電話　　　03-5643-3930（販売部）
　　　　　　　　　 03-5643-3885（出版部）
　　　　　振替　　　00180-6-46620
　　　　　http://www.bbm-japan.com/
印刷・製本／広研印刷株式会社

©Nakaba Akiyama 2018
Printed in Japan
ISBN 978-4-583-11082-0 C2075

＊定価はカバーに表示してあります。
＊本書の文章、写真、図版の無断転載を禁じます。
＊本書を無断で複製する行為（コピー、スキャン、デジタルデータ化など）は、私的使用のための複製
　など著作権法上の限られた例外を除き、禁じられています。業務上使用する目的で上記行為を行うこ
　とは、使用範囲が内部に限られる場合であっても私的使用には該当せず、違法です。また、私的使用
　に該当する場合であっても、代行業者等の第三者に依頼して上記行為を行うことは違法となります。
＊落丁・乱丁が万一ございましたら、お取り替えいたします。